LE MILITAIRE EN SOLITUDE, OU LE PHILOSOPHE CHRÉTIEN.

ENTRETIENS MILITAIRES, édifians & instructifs.

OUVRAGE NOUVEAU.

Par M. DE *** *Chevalier de l'Ordre Militaire de Saint Louis.*

SECONDE PARTIE.

A PARIS,

Chez { LE GRAS, Grand'Salle du Palais.
CAVELIER, ruë Saint Jacques.
La Veuve KNAPEN, Pont S. Michel.
PRAULT Fils, Quay de Conty.

M. DCC. XXXV.

Avec Approbation & Privilege du Roy.

LE

MILITAIRE EN SOLITUDE.

OU

LE PHILOSOPHE CRHÉTIEN.

ENTRETIEN IV.

LESCURE & MARCEL s'étant rencontrez le lendemain chez Madame de Laun... ils allerent de-là aux Thuilleries, où ils comptoient trouver Hamilton & Gordon : ils les y trouverent en effet qui les y attendoient depuis quelque tems. S'étant débarassez de leurs compagnies, ils allerent se placer à leur endroit ordinaire. La conversation commença par quelques réfléxions sur le caractere des personnes qu'ils venoient de quitter; ce qui la fit tomber ensuite sur ceux dont il est parlé dans le précedent Entretien.

J'ai une parente, dit Lescure, que j'aime assez, pour souhaiter que ces differens tableaux pussent être bien exposez à ses yeux. Elle a malheureusement contracté dans une cotterie de Précieuses la mauvaise habitude de loüer perpetuellement & sans choix; & croyant par-là obliger tout le monde, il se trouve précisément qu'elle n'oblige personne. Mais ce qui me fait le plus de peine, c'est qu'elle prodigue ses loüanges aux personnes mêmes qu'elle méprise le plus, & qui n'ont dans le fond rien d'estimable : elle en use de la sorte en leur présence ; & dès qu'elles ont le dos tourné, elle est la premiere à faire remarquer leurs défauts, sans penser aux réfléxions que peuvent faire sur sa conduite ceux qui étoient témoins des politesses outrées qu'elle venoit de leur faire. Cette bizarre politique étonne d'autant plus, qu'elle a d'ailleurs mille bonnes qualitez. Elle joint à ce défaut une prodigieuse facilité à ce qu'on appelle bouder.

Il y a, interrompit Marcel, certaines petites bouderies qui dénotent le bon naturel, & qui ont quelque chose de si délicat & de si aimable, que bien loin qu'on doive les regarder comme un défaut, on ne peut, ce me semble, qu'avoir bonne opinion de ceux qui en sont susceptibles.

Jamais, répliqua Lescure, je ne soupçonnerois Marcel, de vouloir faire dans le ſérieux l'éloge de la bouderie, qui n'eſt autre choſe qu'une eſpece de taciturnité qui rend les gens d'un commerce ſec, épineux & tout-à-fait déſagréable.

Ne confondons point les choſes, reprit Marcel ; il me ſemble qu'on peut diſtinguer trois ſortes de bouderies. Un ami tendre & zelé paroît bouder, ou prendre un petit air ſérieux, parce qu'il eſt fâché de voir que malgré les avis réïterez, dont une amitié vraye & ſincere eſt la ſource, nous paroiſſons vouloir nous obſtiner dans nos défauts, ou dans nos vices : jaloux de notre réputation, il gémit en remarquant combien nous donnons par là priſe ſur nous ; ce lui eſt une choſe douloureuſe d'entendre juſqu'aux fats & aux ſots s'égayer à nos dépens ; il met tout en œuvre pour nous tirer d'un égarement qui ternit tout ce qui peut y avoir d'ailleurs de bon en nous. Je vous demande grace, continua-t-il, pour les petites bouderies de cette espece, & souffrez que je vous prie encore de ne pas proscrire celle-ci. Un ami boude, ou paroît un peu taciturne, & cela par les seuls mouvemens d'une tendre jalousie : sa délicatesse se trouve blessée, tantôt d'un manque d'attention, tantôt de certaines préferences que nous donnons à quelqu'autres. Dans l'examen qu'il fait de ses sentimens pour nous, il découvre une grande disproportion dans les nôtres. La mesure de son amitié fait alors celle de sa sensibilité : il lui est douloureux de ne trouver pas en nous les mêmes ouvertures de cœur dont il use à notre égard. Il s'afflige encore en remarquant notre insensibilité à la vûë de ce qu'il y a d'obligeant dans ses reproches; & c'est particulierement alors, que pour nous réveiller, il affecte.

un peu de réserve ou de froideur ; mais dans le fond il nous aime toujours de même.

Quand vous voudrez faire attention, ajouta Marcel, à ce que renferment pareilles bouderies, & quels en sont les motifs, je ne puis croire que vous n'en sentiez tout le prix, & que vous puissiez être encore d'humeur à me faire mon procès, si je me déclare leur partisan.

J'étois à la verité, reprit Lescure, bien revolté contre ce qu'on nomme vulgairement *bouderies* ; mais je vois que c'est parce que m'étant arrêté jusques ici à l'idée generale, je n'avois pas pensé à démêler les choses dans ce sens-là : j'adopte donc pour l'avenir ces deux petites façons de bouder, & je me rappelle même de m'en être quelquefois servi à l'égard d'un ami, qui ne pensoit pas de maniere à m'en tenir compte :

mais voyons, ajouta-t'il, quelle est la troisiéme espece.

C'est précisément, répliqua Marcel, celle qui donne lieu à cette idée generale dont vous venez de parler; elle est d'un ami difficile, épineux, formaliste, qui veut qu'en toutes rencontres on se fasse à ses façons de penser, quelque déraisonnables qu'elles puissent être: toujours prêt à se renfermer en lui-même, on le trouve d'un moment à l'autre d'une humeur sombre & revêche; sa bouderie va quelquefois jusqu'à s'éloigner tout-à-fait, & il arrive souvent que sans rien témoigner de ce qui le blesse, il va entretenir le premier venu des défauts qu'il croit voir en son ami. Dès que sans pénetrer plus avant, l'on envisage dans ce point de vûë ce qu'on nomme bouderie, il est naturel qu'on l'ait en horreur. Un ami de cette trempe n'est gueres le partage de l'homme raisonnable, & ne merite point du tout le nom d'ami : l'on ne sçauroit même avoir trop d'éloignement pour ces sortes de caracteres.

Quelqu'odieux qu'ils soient en effet, dit Hamilton, ils me paroissent encore moins insupportables que les caracteres entierement dissimulez & cachez. Il n'est gueres possible qu'on puisse être lié d'une étroite amitié avec un homme sujet aux noirs déguisemens, aux mauvaises finesses & aux détours : l'on ne sçauroit démêler comment l'on est avec une personne qui croit avoir des sujets de mécontentement, & qui au lieu d'en venir à quelqu'espece d'éclaircissement, continuë toujours le même train de familiarité, tandis que ces dehors affectueux couvrent un cœur ulceré au dedans.

Cette remarque, reprit Lescure, est bien digne de l'aimable

franchise & de la sincerité, qui sont le caractere distinctif de notre ami Hamilton : assurément, ajouta-t'il, un tel homme merite encore bien moins le titre d'ami ; jamais il ne peut avoir aucune des qualitez requises pour l'amitié : il n'y a que les cœurs droits & francs qui puissent en remplir les engagemens.

Il me paroît, dit Gordon, qu'il y a encore un caractere d'hommes bien moins propres pour l'amitié, que ceux dont vous venez de parler : ce sont gens qui ne sentent rien, qui ne remarquent ni le bon ni le mauvais, ni le bien ni le mal, ni le vrai ni le faux, qui sont insensibles à tout, incapables d'aucune honte dans les rencontres les plus humiliantes, qui oublient dans l'instant les confusions, les mépris, les affronts, & cela par défaut de sentimens, par défaut de cœur, par défaut de tout l'essentiel de l'homme.

Ce sont-là, repartit Lescure, des cœurs de bouë, des originaux, qui n'ont de l'homme que la figure, & qui ne meritent point qu'il soit fait aucune mention d'eux ni directement ni indirectement. Ce seroit même se faire tort à soi-même, que de vouloir s'arrêter à se plaindre de pareils hommes, quoique nous en voyons beaucoup de cette espece qui font grand fracas dans le monde, & qui semblent être les favoris de la fortune. Quelque inconvenient qu'il puisse y avoir dans le commerce de ces extravagans dont nous parlions tout à l'heure, il sera toujours médiocre en comparaison de celui qu'on trouve dans la fréquentation de ces stupides insensibles.

Hé! qu'est-ce, dit Marcel, qu'un homme qui ne sent rien, qui ne fait aucune réflexion, qui n'a ni principe ni honneur, qui n'est pas capable dc faire la moindre attention à ses fautes les plus honteuses, ou qui les oublie dans le moment, sans s'embarasser de ce qu'on peut penser sur son sujet? Quant à ceux, continua-t'il, qui parvenus à la perfection du Christianisme, font à Dieu un genereux sacrifice de leur raison, de leurs talens, de leur esprit, de leur réputation, enfin de tout eux-mêmes, nous devons les honorer, les reverer, les admirer: l'on ne peut même trop respecter leur aimable simplicité : il y a en cela quelque chose de grand, de noble, d'héroïque.

Ceux, ajoûta Lescure, qui sont assez heureux pour fouler ainsi le monde sous leurs pieds,& qui sont pénetrez des admirables prodiges & des saintes folies de la Croix, trouvent un plaisir délicat & toujours nouveau dans leur sacrifice & dans leur état de dénuëment & de privation : mais que nous ſommes éloignez de pouvoir démêler tout le prix de ce qu'il y a d'élevé & de ſublime dans leur conduite ! Nous ne comprenons pas ſeulement la neceſſité de fuir les occaſions dangereuſes, ni combien il y a de ſageſſe & de prudence à ſe ſequeſtrer des compagnies qui ne reſpirent que les vanitez mondaines. Comment pouvoir confondre des hommes ſi reſpectables avec cette craſſe d'hommes, dont on vient de parler. On doit aſſurément mettre entr'eux autant de difference, qu'il y en a entre une choſe vile & mépriſable & une choſe élevée & glorieuſe.

Il y a, reprit Hamilton, encore un genre d'hommes en qui l'on remarque une ſorte d'indifference & même une apparente inſenſibilité à ce qui leur arrive. Ils paroiſſent dans toutes les rencontres d'une humeur agréable & toujours égale ; on les voit les mêmes dans l'adversité comme dans la prosperité ; de sorte qu'on les croiroit incapables de sentir le bien ou le mal, le bon ou le mauvais.

Il y a cette difference, interrompit Lescure, entre ceux dont vous parlez là, & cette espece de sans-soucis dont il a été fait mention, que les uns sont ainsi par temperamment, par défaut de sentiment ou par stupidité, & que les autres ne paroissent indifferens que par l'effet de leur raison & de leur bon sens, dont ils sçavent faire l'usage convenable, tant pour se montrer d'un bon commerce, que pour se conserver à eux-mêmes le bien précieux de la paix du cœur & de la tranquillité de l'esprit. C'est ainsi qu'ils contractent l'heureuse habitude de se posseder en tout, & d'être maîtres de tous leurs mouvemens : ils sentent le bien & le mal, le bon &

le mauvais, en un mot, tout ce qui accompagne l'adversité ou la prosperité ; mais ils sont également incapables de foiblesse, de bassesse & de vanité.

C'est à de tels hommes, dit Marcel, qu'on peut appliquer à juste titre le nom de Philosophe ; nom qui n'appartient de droit qu'à ceux qui sçavent regler leur conduite & leurs mouvemens sur la droite raison, sur le bon sens, & sur des lumieres sûres, en se conformant en tout à la vraye sagesse, qui n'a rien de farouche ni d'incommode. On n'a pas communément une idée assez fixe, ni assez nette, de ce que signifie essentiellement le mot de Philosophe. Il est assez ordinaire d'entendre prononcer ce nom dans un sens ironique ou insultant, & qu'au lieu de concevoir par-là un homme sage & moderé, l'on se figure un fou ou un caustique.

Les uns ſe forment l'idée d'un homme à ſiſtême, toujours appliqué à découvrir les ſecrets de la nature, & dont l'humeur eſt féroce, chagrine, bizare; les autres ſe repreſentent d'abord le ridicule caractere de ces extravagans Faſtueux de l'Antiquité, dont la ſageſſe & la vertu n'avoient pour principe que l'orgüeil & l'oſtentation, & dont la folle vanité alloit juſqu'à ſe croire infiniment au-deſſus de tous les autres hommes.

Il me ſemble, répondit Leſcure, qu'il eſt encore plus ordinaire qu'on ſe figure par le mot de Philoſophe, un homme d'étude, un Pedant heriſſé de Grec & de Latin, qui, en toutes rencontres, tranche du ſçavant, & qui pour mieux impoſer, affecte un air grave, ſevere & myſtérieuſement composé. Comme rien, en effet, n'eſt plus ridiculement tourné que l'esprit de ce qu'on appelle un Docteur tout cru, lequel sçait tout hors l'essentiel, qui est le sçavoir vivre, il n'est point étonnant qu'avec ces differentes idées qu'on se fait du Philosophe, l'on soit disposé à l'apostropher sur le ton burlesque & ridiculement plaisant.

Nous ne finirions pas, ajouta-t'il, si nous voulions parcourir les differentes notions, sous lesquelles l'on conçoit le Philosophe. Je connois une Dame qui s'imagine qu'étudier en Philosophie, ou être reputé Philosophe, est une même chose; & quoiqu'elle se croye un esprit du premier ordre, son discernement ne va pas plus loin à cet égard; & c'est sur ce pied-là qu'on l'entend dire gravement, en parlant d'un grand benet de fils: Je ne plains point les dépenses que me cause mon fils le Philosophe, il fait honneur à sa famille; car on le regarde comme un des grands

grands Philosophes du tems. J'apprens chaque jour que personne n'est de sa force pour bien pousser un argument, & que sa Latinité est digne de tous les applaudissemens. Il seroit difficile de pouvoir representer ce qu'il y a de comique dans l'air de complaisance dont la bonne Dame prononce ces mots. Au reste, l'on peut voir, par ce que nous venons de dire, ce qu'on entend communément par le mot de Philosophe; mais nous n'avons presque rien dit de l'idée qu'en ont ceux qui jugent sainement des choses, ni de la notion à laquelle l'on peut se fixer là-dessus.

Il me semble, répliqua Marcel, qu'on pourroit s'arrêter à la définition d'Ariste dans ces Vers :

.... La vraye Philosophie est sobre en ses discours,
Et croit que les meilleurs sont toujours les plus courts,

Que de la verité l'on atteint l'excellence
Par la réfléxion & le profond silence.
Le but d'un Philosophe est de si bien agir,
Que de ses actions il n'ait point à rougir ;
Il ne tend qu'à pouvoir se maîtriser soi-même ;
C'est-là qu'il met sa gloire & son bonheur suprême ;
Sans vouloir imposer par ses opinions,
Il ne parle jamais que par ses actions.
Loin qu'en sistêmes vains son esprit s'alambique,
Etre vrai, juste, bon, c'est son sistême unique ;
Humble dans le bonheur, grand dans l'adversité,
Dans la seule vertu trouvant la volupté,
Faisant d'un doux loisir ses plus cheres délices,
Plaignant les vicieux & detestant les vices :
Voilà le Philosophe, & s'il n'est ainsi fait,
Il usurpe le nom sans en avoir l'effet.

C'est sans doute la multitude des prétendus Philosophes, dit Hamilton, qui fait qu'en general l'on se fait des idées bizares sur le nom de Philosophe. Il est vrai qu'il y en a de si extravagans & de si ridicules, qu'il n'est point surprenant qu'on prenne souvent ce nom dans le sens comique, & qu'on soit si communément disposé à conclure avec le bonhomme Geronte, que qui dit Philosophe, dit un fou dont le langage

N'est qu'un tissu confus de faux raisonnemens,
Un esprit de travers, qui par ses argumens
Prétend en plein midi faire voir des étoiles,
Toujours après l'erreur courant à pleines voiles,
Quand il croit follement suivre la verité;
Un bavard inutile à la societé,
Coëffé d'opinions & gonflé d'hyperboles,
Et qui vuide de sens n'abonde qu'en paroles.

Il est vrai, reprit Marcel, que l'on en voit beaucoup de cette espece; ou plûtôt l'on voit des Pédans du ridicule le plus outré. Le nom de Philosophe, à le prendre dans son vrai sens, signifie toujours un homme qui se distingue par sa raison & par sa vertu, qui est ferme & silentieux dans l'adversité, doux & honnête dans la prosperité ; qui est toujours content de ce qu'il a, & qui jamais n'envie le sort de personne ; il se trouve bien par tout : il est, comme dit un Ancien, citoyen du monde.

J'ai toujours regardé le veritable Philosophe, dit Lescure, comme un homme qui se possede en tout, & d'un courage appuyé sur une certaine grandeur d'ame, que les plus mauvais traitemens de la fortune ne sçauroient ni abattre ni étonner, & qui avec cela sçait se faire aux tems & aux lieux, & se mettre à la portée d'un chacun.

Quant aux deux derniers articles, répondit Marcel, ils ne désignent pas absolument le Philosophe ; car sans être effectivement tel, l'on peut sçavoir parfaitement s'accommoder aux conjonctures, & s'ajuster aux differens caracteres. Quoi qu'il en soit, c'est toujours-là un talent qui lui convient très-fort. L'on peut, au reste, ajouter à votre notion, que ce courage & cette grandeur d'ame le rendent fort reservé à parler de ce qui le regarde.

J'ai toujours compris, dit Hamilton, que le vrai Philosophe doit être un homme d'un commerce agréable & solide, dont l'entretien est également instructif & interessant. Je me represente sa sagesse douce, humaine, indulgente, toujours accompagnée de la complaisance & de la politesse. Je lui suppose encore cette noble bonté, qui fait trouver la satisfaction la plus douce & la plus exquise à pouvoir faire plaisir, & à obliger de bonne grace.

C'est-à-dire, que vous lui donnez liberalement, interrompit Gordon, toutes les qualitez de l'honnête homme, du galant homme & de l'homme genereux. Pour moi je me le represente simplement comme un homme modeste, posé, temperant, doux, patient, équitable, dont la sagesse & les lumieres ne sont pas moins utiles aux autres qu'à lui-même; qui, comme dit Horace, * ne s'occupe qu'à la recherche de la verité & de la vertu, dont il fait son unique étude. Je crois encore, si vous voulez, que joignant à tout cela de la facilité dans l'humeur & dans l'esprit, il sçait faire en sorte que dans sa compagnie on est content de lui, à force de l'être de soi-même par ses insinuations; mais son caractere distinctif est d'être sobre, moderé, discret & raisonnable en tout.

Rien n'est plus exact, reprit Marcel, que ce que vous venez de dire; & c'est sans doute là ce qui caracterise singulierement le

* *Quid verum atque decens, curo & rogo? Et omnis in hoc sum...* Hor.

Philosophe, parce qu'il se conduit toujours par la raison. Mais ne nous chicanez pas sur les autres qualitez que nous lui donnons; les unes n'excluent point les autres, ou, pour mieux dire, elles doivent se trouver toutes réünies dans le veritable Philosophe, qui doit être un veritable honnête homme, & d'un commerce également aimable & avantageux.

Il ne sçauroit y avoir rien de plus interessant, dit Lescure, que le commerce d'un tel homme; car comme le bon sens est la principale regle qu'il observe en parlant, il ne sçauroit rien dire que de raisonnable & de bien placé; mais s'il plaît parce qu'il parle juste, il plaît encore plus parce qu'il sçait écouter & parler à propos: il plaît à tout le monde, parce que tout le monde le trouve toujours égal dans sa conduite, & scrupuleusement attaché à l'ai-

ſçait tirer parti de tout ; l'air qu'il reſpire, la ſanté dont il joüit, une vûë agréable, une rencontre flatteuſe, tout cela contribuë à ſon bonheur. A l'abri des enchantemens dont le monde eſt enſorcelé, il regarde comme des faveurs extraordinaires tout ce qu'il poſſede en commun avec le reſte des hommes ; le ſouci ni l'inquiétude ne lui alterent pas la ſanté, & l'envie n'empoiſonne point les plaiſirs ; il ne s'embaraſſe pas, ni de l'élevation de celui-ci, ni de la décadence de celui-là ; tout peut changer autour de lui, les perſonnes & les affaires, ſans qu'il en ſoit alteré lui-même : indifferent à tous les évenemens, il paroît inſenſible au milieu des revers qui démontent les autres : il ſçait qu'il y a à un tel endroit une agréable promenade à l'écart, & il y va contempler à loiſir les merveilles & la grandeur de l'Auteur de la Nature ; il y fixe ſes

l'entretien des Dames sur les caracteres, & je comprens aisément par-là que vous n'exagerez point dans le portrait que vous en faites ; vous vous souviendrez au reste de la promesse que vous m'avez faite de me ménager sa connoissance.

J'aurois bien voulu, dit Hamilton, m'être trouvé à cet entretien sur les Staffs : outre l'agrément d'entendre discourir des personnes d'un si rare mérite, j'aurois eu le plaisir d'entendre parler avantageusement de mon ami *Isaac Bicker-Staff.* Je me suis rapellé durant vos réfléxions sur les Philosophes, ce que dit cet agréable Auteur, en parlant d'un Sage, ou d'un homme modeste, & qui est toujours content de son état.

Celui, dit-il, qui modere ainsi ses desirs par la raison, & qui ne s'abandonne point au chagrin dans aucune adversité, redouble tous les plaisirs innocens de la vie. Il sçait tirer parti de tout ; l'air qu'il respire, la santé dont il joüit, une vûë agréable, une rencontre flatteuse, tout cela contribuë à son bonheur. A l'abri des enchantemens dont le monde est ensorcelé, il regarde comme des faveurs extraordinaires tout ce qu'il possede en commun avec le reste des hommes ; le souci ni l'inquiétude ne lui alterent pas la santé, & l'envie n'empoisonne point les plaisirs ; il ne s'embarasse pas, ni de l'élevation de celui-ci, ni de la décadence de celui-là ; tout peut changer autour de lui, les personnes & les affaires, sans qu'il en soit alteré lui-même : indifferent à tous les évenemens, il paroît insensible au milieu des revers qui démontent les autres : il sçait qu'il y a à un tel endroit une agréable promenade à l'écart, & il y va contempler à loisir les merveilles & la grandeur de l'Auteur de la Nature ; il y fixe ses penſées à mille choſes, dont on ne peut admirer les effets & les cauſes, ſans remonter tout naturellement à leur ſource : il ſçait auſſi où rencontrer enſuite deux ou trois perſonnes d'une converſation ſenſée & inſtructive, & il va paſſer encore là d'agréables quarts-d'heure : ſes actions cachées, & celles qui paroiſſent aux yeux de tout le monde, tirent leur ſource de nobles & de puiſſans motifs ; il les doit toutes à l'eſperance ferme & inébranlable qu'il a d'une vie à venir. Fixe & déterminé qu'il eſt ſur toutes les matieres de quelque importance, on remarque dans ſes actions un certain air noble, tranquille & aiſé qui en releve toujours l'éclat. Il n'eſt le rival de perſonne ; il ſouhaite du bien à tout le monde : bon ami de tout le genre humain, il voit avec plaiſir la proſperité d'un chacun : on le voit toujours prêt à aſſiſter les malheureux, & à prévenir le étrangers par son honnêteté & ses bons offices. La societé lui plait quand il en trouve d'agréables ; mais il sçait se passer de compagnie quand elle n'est point telle qu'il la voudroit, & qu'il n'y remarque aucun indice du bon naturel. Il ne lui faut au reste rien d'extraordinaire pour le divertir ou pour l'amuser : dépoüillé des préjugés, & maître de ses passions, il fournit ainsi sa carriere dans la gayeté, dans la bonne humeur & dans un contentement pur & inalterable. C'est pour un tel homme que tous les jours, comme dit le Poëte, se levent clairs & serains.

Vous nous eussiez fait grand tort, dit Marcel, en ne nous communiquant pas ce portrait, si digne du vrai Sage & du vrai Philosophe, qui dans le fond n'est autre chose qu'un sage vertueux : nous voyons là des traits qui nous ont échappez dans ce que nous en avons dit, & qui le caracterisent cependant tout des mieux. Ce qui me paroît encore relever le prix de ce portrait, ajouta Lescure, c'est qu'on peut conclure, qu'il est difficile qu'on puisse si bien peindre les sentimens vertueux, qu'on n'en soit touché soimême, & qu'on ne soit en même tems très-capable de les sentir & de les pratiquer.

Vous me récompensez bien genereusement, répliqua Hamilton, & de mon attention à vous écouter, & du peu que j'ai dit : au reste, quand ce n'auroit été que pour avoir le plaisir d'entendre loüer M. Bicker-Staff, peut-être aurois-je placé cette description parmi celles que vous avez faites du vrai Philosophe, si je n'avois été retenu par la crainte d'être encore relancé par mon ami Gordon.

Vous badinez, répondit Gordon, mais je ne sçai pas trop si je vous aurois passé tout cela, j'entens dans l'application exacte au Philosophe. Quoi qu'il en soit, il y a, il faut l'avoüer, dans ce que vous venez de dire, bien des choses qui le dépeignent parfaitement : il y a même de plus des choses qui renferment une solide instruction, un contentement toujours pur, la constance & l'uniformité d'humeur & de sentimens. Voilà à quoi tous les hommes devroient tendre. Il est vrai qu'on ne parvient gueres à un pareil état qu'après avoir essuyé bien des variations : ce n'est qu'en éprouvant les vicissitudes de la prosperité & de l'adversité, de l'inconstance des humeurs des hommes & de leurs diverses manies, qu'on parvient enfin à ne plus s'étonner de rien, à se maintenir dans une même assiete, & à juger équitablement & uniformément de toutes choses.

Jusques ici, dit Hamilton, je m'étois arrêté aux notions populaires ou generales touchant le Philosophe; il me sembloit que ce nom devoit d'abord inspirer un certain mépris, mais je sçaurai à l'avenir envisager les choses dans leur veritable jour à cet égard. J'ai à la verité, continua-t'il, remarqué bien des fois dans ma vie, qu'on n'a pas d'ordinaire une idée nette & distincte des choses; quand on s'en tient à la prévention generale, sans se donner la peine d'examiner & d'approfondir les faits soi-même: il s'ensuit de-là que le bon nous paroît mauvais, que le vrai nous semble faux, que nous regardons comme monstrueux ce qui est aimable.

Il y a, par exemple, differentes sortes de misantropies; il y en a d'odieuses, il y en a d'aimables; & néanmoins l'on conçoit d'abord par le mot de Misantrope, un homme particulier, difficile, altier, épineux, cauſtique, atrabilaire, défiant, ſoupçonneux, critique, un homme enfin qui trouve à dire à tout, qui n'eſt content de rien, & qu'on trouve en toutes rencontres d'un commerce dur & déſagréable. Là-deſſus on eſt abſolument revolté, & l'on croit ne pouvoir témoigner trop d'horreur pour tout ce qu'on nomme Miſantropies. L'on ne va pas s'imaginer alors qu'il y a une ſorte de Miſantropes du commerce du monde le plus charmant. La miſantropie de ceux-ci eſt de la nature de celle dont parle M. de la Rochefoucault, quand il dit que la délicateſſe dans l'eſprit, dans le goût & dans les ſentimens, ſuppoſe un peu de miſantropie, & que ſouvent la meſure de l'une fait celle de l'autre.

En s'arrêtant à l'idée generale ſur cette matiere, on donne necessairement dans une erreur qui n'est que trop commune : c'est ainsi qu'entendant dire que Ver... est un Misantrope, on peut se former de lui une idée propre à inspirer de l'éloignement, tandis que sa misantropie n'est autre chose que la droite raison, la justesse de sens, la délicatesse & la finesse dans le goût, un discernement exquis, un esprit cultivé, pénetrant, fécond en réfléxions solides & en remarques judicieuses, mais en même tems ennemi du faux & du vain. Rien de tout cela ne fait le Misantrope ; cependant c'est souvent avec tout cela qu'on est honoré du titre de Misantrope, toujours pris dans le mauvais sens. Le fait est que Ver... étant de ce caractere, il y a un genre d'hommes pour qui il sera toujours misantrope, dans quelque sens qu'on le prenne ; car jamais il ne peut lui arriver de quadrer en rien avec les bavards, les fats, les étourdis, les esprits baroques, ni avec aucun des ridicules personnages de cette espece, qu'on rencontre si souvent en son chemin. Voilà donc un homme d'une societé charmante, regardé comme Misantrope, parce qu'il ne sçauroit rien souffrir de choquant, ni de ridiculement déplacé. Ce n'est pas qu'il ne sçache, au reste, se faire à toutes sortes de caracteres, ayant naturellement l'esprit liant, flexible, prévenant, l'humeur douce, aisée & insinuante, en un mot beaucoup de complaisance & de politesse.

Je ne désespere pas, interrompit Gordon, de vous entendre au premier jour faire l'éloge de la fievre-quarte; en tout cas vous ne seriez pas le premier.

Je vous laisse dire, reprit Hamilton, & je continuë encore le même sujet; mais en supprimant tout éloge, une misantropie odieuse est de la nature de celle qu'on attribuë à ****, c'eſt-à-dire, un composé d'humeur noire & bizare, de taciturnité bilieuſe, de préjugés faux & extravagans, de principes ſinguliers & choquans; enfin un aſſemblage de caprice, d'opiniâtreté, de malice & de préſomption.

Il y a encore, ajouta Gordon, des miſantropies d'une autre eſpece, comme celles qui partent d'un défaut d'éducation & de ſentimens, ou de certaines idées louches & chimériques, ou de ces ſortes d'averſions qui ſont le propre d'un mauvais naturel & d'un eſprit mal fait. Les Miſantropes de ce caractere ſont d'ordinaire ennemis du genre humain: jamais ils ne ſont contens de perſonne, & ſont toujours à charge à tout le monde. Comme de tels originaux ſont abandonnez à eux-mêmes, & qu'ils n'ont perſonne pour les redresser, ou pour les ramener à la raison, ils s'enfoncent de plus en plus dans leur humeur noire & maligne : dans cet état tout leur déplait, tout les choque, tout les révolte : aigris de plus en plus à la vûë du mépris qu'on a pour eux, leur bile s'émeut au point qu'ils s'en prennent à tout ce qui se presente, & sont toujours prêts à répandre leur fiel indifferemment sur tous les objets.

J'en ai connu un précisément de ce caractere-là, dit Marcel, & qui m'a souvent fait compassion, parce qu'il avoit d'ailleurs du bon : je lui trouvois de l'honneur, de la probité, & quelque chose de noble dans les sentimens. Touché de le voir si ingenieux à se rendre de mauvais offices à lui-même, je me serois volontiers hazardé à entreprendre sa guerison, pour peu que j'eusse vû jour à pouvoir réüssir.

Il faut convenir, reprit Lescure, qu'il y a des caracteres qui semblent n'exister que pour causer de l'étonnement. On a de la peine à comprendre comment il peut se trouver dans la même personne des qualitez absolument opposées, un mélange surprenant de bonnes & de mauvaises très-bizarement assorties. J'en connois de cette étoffe qui se signalent chaque jour par des choses loüables & par des choses odieuses; ils se font admirer le matin & décrier le soir : on diroit qu'une personne ainsi differente d'elle-même d'un moment à l'autre, a deux ames qui prennent le dessus tour à tour, & qui sont opposées dans toutes leurs inclinations; & si à certains égards il paroît quelquefois en elle une concorde necessaire, c'est, comme dit Horace, une concorde discordante. *

* *Concordia discors, L. 1.*

Tel étoit le Czar Pierre le Grand, dit Marcel ; il réünissoit en lui toutes les bonnes & toutes les mauvaises qualitez des meilleurs & des plus mauvais Princes. Je me trouvai, continua-t'il, aux Eaux de Spaa l'année qu'il y alla ; (c'étoit en 1717. lorsqu'il quitta la France) j'eus là occasion de le voir souvent de près, & de l'entendre définir par gens qui étoient bien au fait de son caractere. Il parut dans ce lieu fort different de ce qu'on l'avoit vû à Paris : l'on ne pouvoit assez admirer son extrême affabilité, & la bonté avec laquelle il se communiquoit aux promenades & aux fontaines où l'on alloit boire. M. le Duc de Holstein-Ploën l'accompagnoit à Spaa, ayant été nommé par l'Empereur d'Allemagne pour faire les honneurs des Païs-Bas, & pour y recevoir celui de la Russie dans les Villes de ses

Etats. Le Duc qui m'honoroit de ses bontez, & avec qui je passois d'ordinaire les matinées, me dit de ce Monarque des particularitez assez étonnantes dans le bon & dans le mauvais; il le dépeignoit à peu près tel qu'on nous represente une infinité de Grands-hommes de l'Antiquité dans l'Histoire des Hommes Illustres de Plurarque; c'est-à-dire avec un mélange frapant de vices & de vertus, d'humanité & d'inhumanité.

Il est à remarquer, dit Lescure, que ce mélange & cet assortiment si bizare sont plus ordinaires aux grands génies, aux esprits du premier ordre, qu'au commun des hommes; nous en avons dés exemples dans ces derniers siecles, comme dans les siecles les plus reculez.

Je ne sçai, dit Hamilton, si l'on doit croire tout ce qu'on

rapporte des cruautez de Pierre le Grand.

J'en ai oüi raconter pluſieurs traits, répondit Marcel, pendant mon ſéjour à Spaa, & ils m'ont cauſé d'autant plus d'étonnement, que j'ai oüi en même tems raconter à M. le Duc de Holſtein des traits de lui, pleins de bonté & d'heroïſme, & dignes d'être mis en paralelle avec ceux qui font le plus d'honneur à la mémoire de Titus & d'Auguſte.

Comment pouvoir concilier un ſi étrange contraſte, répliqua Hamilton? Pour moi je ſuis tenté de croire que ceux qui en ſont ſuſceptibles, ne ſont bons que par certains mouvemens de caprice, & ſouvent par réfléxion, d'amour propre, d'interêt ou de politique : du moins doit-on, ce me ſemble, conclure, que le mauvais leur eſt plus naturel que le bon. En un mot, je ne ſçai ſi ces alternatives

alternatives dont on est si frappé, ne supposent pas moins un mélange réel de bonnes & de mauvaises qualitez, que l'effet de la réfléxion, ou de quelque secret motif.

Je ne voudrois pas là-dessus conclure tout-à-fait comme vous, reprit Marcel : quoiqu'il en soit, je pense que la posterité ne sera pas moins frappée du tableau des bonnes qualitez de Pierre Premier, que de celui de ses mauvaises : si l'un lui represente des actions inhumaines & barbares, l'autre lui expose des actions d'humanité & de bonté au plus haut point de l'heroïsme.

Je vais, continua-t'il, vous en rapporter ici un trait, qui, quoique fort simple, ne laisse pourtant pas d'avoir quelque chose de remarquable. Cet Empereur visitant un jour les environs de son camp, entendit à une distance peu éloignée une voix plaintive, comme d'une personne mourante ; là-dessus il s'arrête avec sa Cour, & envoye en diligence pour sçavoir ce que ce pouvoit être. On lui rapporte que c'étoit un Officier de ses Troupes, qui avoit été blessé la veille à une action entre un détachement de l'Armée Suedoise & un de l'Armée Russienne ; que ses blessures étoient considerables, & qu'étant resté depuis le combat baigné dans son sang, il étoit tellement affoibli, qu'à peine pouvoit-il prononcer quelques mots.

Le Czar paroît touché à ce récit ; il galope d'abord vers l'Officier, qu'il trouve dans un fossé, & hors d'état de pouvoir lever la tête : il met aussi-tôt pied à terre, s'aproche du moribond, & lui tient les propos les plus consolans : ce n'est pas tout, il le panse lui-même ; & comme il ne se trouve pas dans le moment de bandes, l'Empereur défait promptement sa propre cravate, la fend en deux, & l'employe à bander les playes du blessé. Après avoir demeuré un tems considerable auprès de cet Officier, il lui laisse en le quittant une bourse de trois cens Roubles, & donne ordre qu'on le transporte avec grand soin dans la Ville la plus voisine. Ayant appris peu de tems après que le Colonel du blessé avoit eu la dureté de l'abandonner dans cet état, il l'en punit severement.

Qui croiroit, dit Lescure, qu'une telle action n'eût sa source dans un fond d'inclinations naturellement bienfaisantes? Mais la supposant même telle, il en faudroit beaucoup de semblables pour effacer toutes les taches qu'on trouve dans la vie de ce Prince; entr'autres son barbare procedé à l'égard du valeureux Comte de Horn, a peu d'exemples, même parmi les actions des plus mauvais Princes.

Z ij

Cependant il faut convenir avec tout cela, répondit Marcel, que c'étoit réellement un Grand-homme, puiſqu'outre tant de grands monumens qui font honneur à ſa mémoire, il a ſçû faire des hommes de ſes ſujets, qui juſques-là n'en avoient que la figure. On peut dire qu'il a créé en Moſcovie une Nation toute nouvelle ; car auparavant on pouvoit donner la préference aux Tartares de la Crimée ſur les Moſcovites. Si on avoit donné à ce Prince une éducation conforme à ſon génie, au lieu de l'éducation barbare dans laquelle il fut élevé dans ſa jeuneſſe, on n'auroit pas, ſans doute, à lui reprocher ce ſurprenant mélange où le mauvais l'emporte ſi ſouvent ſur le bon. Rien, au reſte, ne me paroît plus digne de remarque que ſa conduite dans les motifs de tous les voyages qu'il a faits *incognitò* : il a voulu ceſſer pendant un tems d'être Empereur, afin d'apprendre à regner dignement comme tel, & à mettre en usage tout ce qui pouvoit le plus contribuer au bonheur de ses Sujets. Voilà sans doute des vûës bien dignes de loüanges & d'admiration.

Vous direz tout ce qu'il vous plaira à la gloire de ce Monarque, répliqua Hamilton, pour moi je ne me sens nulle disposition à admirer un homme si ambigu.

Ne voyez-vous pas, interrompit Gordon en riant, que notre ami Marcel parle en homme qui a pensé être attaché au Prince son petit-fils, qu'on a vû regner dans ces dernieres années ?

Croiriez-vous bien, reprit Lescure, que mon cher Marcel ne m'en a jamais dit le mot, & que j'ai plus d'un reproche à lui faire dans ce même goût ; mais je lui pardonne tout cela, m'imaginant que sa réserve peut être fondée sur ce principe, que quand on n'est pas bien convaincu de la discretion de son ami, il ne faut pas s'exposer au hazard de le perdre par la necessité d'avoir à se plaindre de lui.

Ma réponse à la plaisanterie sera fort courte, répondit Marcel ; vous vous souviendrez, dit-il à Lescure, que je vous ai parlé des instances que me fit M. le Duc de Holstein, pour m'engager à aller avec lui en Allemagne & dans le Nord, & que vous avez vû quelques-unes de ses Lettres sur ce même sujet. Si je ne vous ai rien dit des projets gracieux qu'il faisoit en ma faveur, c'est qu'il n'a été question dans tout cela que de quelques legers discours qui n'ont eu aucune suite. Au reste, vous sçavez qu'on ne pouvoit gueres me faire d'offre qui pût me faire quitter le service de la France, ou violenter l'inclination qui m'y attache depuis ma plus tendre jeunesse.

Je sçai, répliqua Lescure, que ce seul motif vous a fait négliger d'autres occasions qui avoient de quoi tenter un étranger, dont la fortune n'y est point heureuse : mais revenons à mes reproches que vous éludez, en prétendant répondre à une plaisanterie. Je ne doute point que nos deux amis que voilà sçachant quelle est notre tendre union, ne vous ayent déja fait tacitement votre procès.

Nous n'avons garde de vouloir rien décider entre vous deux, répartit Hamilton, il n'y a nulle apparence qu'il puisse vous arriver jamais d'avoir besoin de Médiateur pour vous raccommoder ensemble : ainsi je retourne encore à cet incompréhensible Empereur de la Russie. On lui prête quelques traits de galanterie, qui ne me paroissent pas avoir grand fondement.

En tout cas, dit Marcel, s'ils sont de la nature de ceux que j'ai oüi raconter à Spaa, ils sont tout propres à demeurer ensevelis dans le silence. Les passions honteuses ne peuvent avoir rien de digne d'être relevé, & l'on ne doit pas même croire qu'elles puissent se trouver dans un Grand-homme. Les sentimens tendres ont été à la verité souvent le foible des plus Grands-hommes, & la tendresse qui n'interesse ni la gloire ni le devoir, n'a rien d'absolument incompatible avec l'heroïsme ; elle y fait même, pour ainsi dire, comme une espece de nuance, qui semble dénoter les qualitez du cœur ; mais il faut qu'on puisse toujours la captiver à son gré, & que dans un Grand-homme elle ne dégenere jamais en foiblesse : sur-tout qu'elle soit legitime & bien placée,

cée, & que jamais il n'y ait rien qui puiſſe bleſſer l'honneur ou la Religion. Une tendreſſe de cette eſpece conſerve d'ordinaire la nobleſſe & la pureté de ſon origine : comme elle ne violente en rien ni la raiſon ni la liberté, elle ne ſçauroit avoir de fâcheuſes ſuites.

Comment l'entendez-vous donc, interrompit Hamilton avec ſon agréable vivacité? Prétendriez-vous qu'on fût dans la perpetuelle gêne de peſer le progrès d'une paſſion? Hé! que ſeroit-ce qu'un tel amour? Les affections du cœur ne ſont intereſſantes qu'autant qu'elles n'ont point de bornes.

C'eſt décider un peu legerement, reprit Marcel : outre que vous ſemblez oublier que nous parlons ici de Grands-hommes, vous ne faites pas attention que tout ce qui eſt porté à l'excès, ne peut qu'être vicieux. En un mot, vous le prenez ſur un ton qui doit interdire tout tendre attachement pour n'être pas ſujet à de violens repentirs. Dès qu'on ſe livre ſans réſerve à un aveugle penchant, les inconveniens & les amertumes ſe préſentent en foule, & l'on ſe voit neceſſairement ſur le bord du précipice ſans pouvoir l'éviter. Quand une fois les paſſions ſont venuës à un certain point d'accroiſſement, les efforts qu'on fait pour en faire triompher ſa raiſon, ne ſervent ſouvent qu'à leur donner plus de force, quoi qu'on prévoye d'ailleurs tout ce qu'elles doivent avoir de funeſte dans leurs ſuites.

L'on remarque cependant, répondit Hamilton, que la vivacité en amour a quelquefois formé des Heros; & quoique cette paſſion ne fût pas en eux incompatible avec la ſageſſe, je ne ſçai ſi elle eût pû les faire tels, s'ils ſe fuſſent aviſez de tenir, pour ainſi dire, toujours la balance à la main avec cette rigoureuse exactitude. Ce n'est pas que, d'un autre côté, cette même passion n'ait souvent été fatale aux Heros; il n'y en a que trop qui ont été les victimes de leurs foiblesses à cet égard, & qui même n'en pouvoient plus soutenir la honte. Au reste, vous me rendrez, s'il vous plaît, la justice d'être persuadé, que je sens toute la conviction de ce que vous venez de dire, & que je suis même charmé d'avoir, par mon badinage, donné occasion à vos moralitez. J'avoue qu'il étoit un tems où pareilles considerations eussent été fort de saison pour moi; c'est vous dire assez, que je ne me sentois alors nullement propre à aimer en Philosophe, ni à vouloir limiter les mouvemens du cœur; j'avois dans la tête qu'il falloit necessairement être galant. Livré à la fausse idée de la plûpart des jeunes gens, qui s'imaginent qu'être aimé des femme, suppose un grand mérite, je prenois plaisir à me repaître l'imagination de toutes les chimeriques douceurs d'un tendre engagement, & à me livrer à tous les retours de l'amour propre.

Dans cette situation d'esprit j'étois en bute aux fréquentes moralitez d'un oncle qui mettoit tout en usage pour m'inspirer des sentimens tout opposez : il ne cessoit point de me faire des leçons à peu près dans le goût de ce que vous venez d'exposer. M'ayant un jour surpris dans un tête à tête avec une personne que je trouvois fort aimable, & à qui je désirois plaire, il me fit signe de le suivre comme il alloit à la promenade. L'ayant joint, il ne me dit pas un mot jusqu'à notre arrivée dans le lieu où il se promenoit ordinairement, & ne rompit même le silence qu'après que nous eûmes fait quelques tours d'allées.

Ecoutez, me dit-il alors en s'arrêtant & en me regardant d'un air grave, écoutez bien ; mon pauvre ami, ce que j'ai à vous dire : du caractere dont je vous connois, j'ai lieu de craindre pour vous les dangereux écüeils où la jeunesse donne si facilement ; mais souvenez-vous que vous devez regarder comme une des plus importantes affaires de votre vie, d'être en garde contre les surprises de ce qu'on nomme sympathie ou belle passion : je vous ay assez témoigné que je ne pouvois approuver vos assiduitez auprès de cette Demoiselle, à laquelle vous ne pouvez jamais prétendre d'être uni par les liens du mariage ; cela étant, où peuvent aboutir toutes vos poursuites, si ce n'est à vous rendre peut-être malheureux l'un & l'autre ? Vous n'ignorez pas d'ailleurs combien ces opiniâtres assiduitez déplaisent à vos parens

& aux siens. Vous n'avez pas été élevé de maniere à devoir me faire craindre que vous voulussiez être confondu avec ces Imposteurs, dont l'indignité va jusqu'à vouloir se faire une espece de gloire de rendre malheureuse une fille de qualité en la perdant d'honneur & de réputation : j'appréhenderois plûtôt pour vous la fole manie de ceux qui croyent se donner un grand relief par la réputation d'homme à bonne fortune ; mais pour vous guerir d'une pareille erreur, vous n'avez qu'à examiner un peu quel est d'ordinaire le caractere de cette sorte d'hommes qui passent pour être les favoris des Dames, & dont il y en a qui ne leur plaisent que par les qualitez précisément qui les rendent le joüet des hommes sensez & raisonnables.

Encore une fois, mettez-vous dans l'esprit que rien ne prouve moins le merite d'un homme que la bienveillance des femmes. M'étant chargé jusqu'à présent du soin de votre éducation, & vous aimant au point que je le fais, vous devez sentir combien il me seroit doulouleux de vous voir contracter aucune de ces vicieuses habitudes qui dégradent l'homme ; c'est toutefois où conduit insensiblement l'appas séducteur d'une passion en apparence innocente : sous le voile de vûës pures & désinteressées l'on donne d'ordinaire dans certaines délicatesses, qui ne sont dans le fond que de purs rafinemens de l'amour propre, qui tendent à vouloir idolâtrer la créature, & à s'en voir idolâtrer. Quoi de plus monstrueux, dès qu'on envisage les choses dans ce point de vûë ? Aveuglé cependant par des apparences trompeuses, on ne pense point à regarder ce seul commencement comme un crime énorme & une revolte manifeste contre ce qui est dû au domaine de Dieu.

L'esprit se remplit de plus en plus de mille chimeres sur les douceurs qu'on se figure dans les intrigues tendres, sans prévoir que tout cela conduit tôt ou tard dans quelques-uns de ces funestes engagemens qui forment un commerce criminel, & qui sont souvent la source de bien des malheurs. Comme vous êtes un peu susceptible de ces sortes d'impressions, & qu'en présumant trop de la pureté de votre intention, vous pourriez être moins précautionné contre les surprises de cette nature, je suis bien aise de vous dire que le remede le plus sûr & le plus facile pour vous en garantir, est une ferme résolution de vous interdire absolument l'entrée de toutes ces foles idées.

J'écoutois ces discours, continua Hamilton, avec la docilité & le reſpect dû à un homme qui m'étoit fort cher, & à qui je devois tout; mais je me ſentois dans le fond peu capable de me conformer à ſes ſages avis, c'eſt-à-dire, d'étouffer en moi les ſentimens tendres, dont mon cœur n'étoit à la verité que trop ſuſceptible. Une pareille violence ne me paroiſſoit nullement de ma portée.

J'avois d'ailleurs un autre oncle dont les diſcours s'accordoient beaucoup mieux avec mes diſpoſitions. J'entendois ſouvent celui-ci dire à ſes amis dans les momens de gayeté à table, que rien ne convenoit plus à un jeune homme que d'être galant, & qu'il approuvoit fort que dans un Grand-homme même la galanterie paſſât de l'eſprit au cœur, pourvû qu'elle fût ſage & reglée, & que ce fût pour un objet digne de lui; c'eſt-à-dire, qui ſçût aimer en ſa perſonne les qualitez distinctives du Grand-homme & de l'honnête homme, parce qu'alors cet objet ne pouvoit qu'être lui-même capable de pareils sentimens.

Le subtil poison de ces sortes de propos s'insinuoit bien plus promptement dans mon cœur & dans mon esprit, que les sages maximes de l'oncle à morale severe : je demeurai neanmoins un tems considerable dans un état flottant entre des sentimens si opposez; mais après bien des combats, je me déterminai enfin à me fixer pour toujours aux solides leçons de l'oncle rigide.

L'on comprend aisément, dit Marcel, qu'une pareille résolution doit vous avoir coûté un peu; mais il n'y a après tout de solide vertu que celle qui sçait s'assujettir les mouvemens de la nature & triompher de toutes les passions. L'on voit une infinité de jeunes gens, qui étant nez vertueux, se laissent toutefois séduire par les appas trompeurs d'une passion naissante, faute d'avoir mis en pratique ce que vous a conseillé l'oncle rigide : une legere réfléxion, quelque petit effort dans les commencemens, les eût peut-être garantis des pieges d'une liaison criminelle ; où l'habitude étant une fois contractée à un certain point, les résolutions & les efforts les plus réïterez deviennent souvent inutiles.

J'admire, interrompit Gordon, la facilité que vous avez à vous laisser imposer. Sçachez que celui que vous croyez si Philosophe sur la foi de ses paroles, m'a dit plus d'une fois, & cela dans le dernier sérieux, ce qu'il prétend n'avoir dit tout-à-l'heure qu'en badinant ; c'est-à-dire, qu'il ne connoissoit point de bornes dans les tendres engagemens, ajoutant qu'à cet égard toute reserve lui paroissoit insipide & incommode.

J'admire à mon tour, répliqua Hamilton, la facilité que vous avez à vouloir faire remarquer votre pente à l'injustice. Il étoit de la bonne foi & de l'équité d'ajouter à ce que vous venez de dire, que je vous tenois ces propos dans les tems de mes foles saillies : c'est sans mentir une grande malice à vous de vouloir confondre ainsi les momens de mes égaremens avec ceux où vous me voyez depuis si long-tems assez raisonnable sur cet article.

Laissez-le dire, reprit Marcel en riant ; la candeur & l'ingenuité qui caracterisent l'aveu que vous venez de faire, nous laissent de vous une impression à l'épreuve de tous ses discours.

Gordon & Hamilton ayant continué encore quelques momens leur petite guerre enjoüée, cela conduisit à un badinage leger &

agréable, sur les maximes si opposées des deux oncles, & sur la difference de leur caractere.

Je ne doute point, dit ensuite Lescure, que l'oncle à la morale severe ne vous ait encore dit bien des choses solides & utiles pour la bonne conduite.

Comme il me tint chez lui, répondit Hamilton, depuis l'âge de 15 ans jusqu'à celui de vingt-deux, & que n'ayant pas d'enfans, il me regardoit comme lui tenant lieu de fils, il ne se passoit gueres de jours qu'il ne me donnât quelques instructions, en m'exhortant sur-tout à viser toujours à ce qui fait le composé de l'honnête homme Chrétien. Ce qu'il me dit un jour comme j'étois sur mon départ pour la France, m'a laissé une impression qui ne me sortira jamais de l'esprit.

Vous voilà, mon cher enfant, me dit-il entr'autres choses, à la veille de vous trouver désormais abandonné à votre propre conduite ; mais songez que vous allez servir dans un Païs où il faut se signaler par un mérite soutenu pour pouvoir parvenir aux grades un peu distinguez dans l'Etat Militaire. Appliquez-vous donc sans relâche à ce qui regarde votre Profession ; mais sur toutes choses pensez à vous bien affermir dans tous les sentimens de l'honnête homme Chrétien, d'où dépend essentiellement tout le bonheur de la vie. Soyez en toutes rencontres précautionné contre le torrent des mauvais exemples. Rien n'a été negligé pour vous donner une éducation Chrétienne : conservez soigneusement ces précieuses semences, dont le souvenir doit vous servir de préservatif contre les surprises dans les mouvemens rapides du cœur. Pour peu que vous perdiez de vûë ce souvenir, vous avez tout à craindre de votre vivacité naturelle & de l'activité de votre esprit. Accoutumez-vous à bien peser les consequences des bonnes ou des mauvaises compagnies. Soyez, encore une fois, en garde contre les pernicieuses maximes des mondains, & de ceux qui croyent pouvoir accorder les interêts de Dieu avec ceux du monde : ils sont d'autant plus malheureux, qu'ils ne sçauroient goûter aucune satisfaction réelle, puisqu'il ne sçauroit y en avoir que dans le témoignage d'une conscience bien reglée, qui est toujours le fruit d'une solide vertu.

Souvenez-vous que comme la grandeur de Dieu domine & absorbe tous les Etres, & que son interêt engloutit les interêts de la creature, de même son amour doit éclipser & absorber tout autre amour. Rappellez-vous souvent ce que je vous ai repeté à dessein par plusieurs reprises, qu'il y a dans la vertu, dès cette vie même, une récompense de la vertu, comme il y a dans le vice, même dès cette vie, une punition du vice; il est de l'experience que l'homme de bien y reçoit réellement son centuple: d'ailleurs il est mille fois plus heureux en vivant dans l'ordre & dans la justice, que les heureux du siecle qui ont tout à souhait ici-bas, & qui sont livrez aux plaisirs des sens. Vous éprouverez comment la pratique de la vertu est toujours accompagnée d'une douce paix, d'une joye intérieure & d'une esperance qui soutient & qui soulage dans tous les évenemens de la vie. D'un autre côté, plus cette aimable vertu est enracinée dans le cœur, plus l'on est disposé à être civil, agréable, complaisant, & en même tems intrépide dans les occasions de guerre. Celui qui se met en situation de pouvoir envisager tranquillement l'incertitude de de ſon existence ici-bas, & de regarder ſa diſſolution comme le terme de ſa felicité, s'acquitte facilement & gayement de tous ſes devoirs. Dès qu'on eſt une fois bien fixé à ce point de vûë, l'on affronte la mort d'un grand ſang froid, & les travaux & les hazards des Expeditions Militaires n'ont rien que de fort ſatisfaiſant.

Dans les traverſes de la vie levez d'abord les yeux vers l'Auteur de toutes choſes, & cela dans les mouvemens d'une réſignation pure, accompagnée d'une vive reconnoiſſance: acquieſcez de bon cœur à toute ſa conduite ſur vous, & que votre unique ſoin ſoit de lui être parfaitement ſoumis en tout. L'inquiétude a ſa ſource dans un défaut de ſoumiſſion & de confiance, & ne ſert qu'à cauſer à l'eſprit une peine inutile. Eh! que peut-on craindre, dès qu'on eſt bien perſuadé de cette verité, qu'il ne peut rien arriver que ce que Dieu voudra, & qu'il ne veut rien qui ne ſoit toujours pour notre mieux? Voilà, mon enfant, la vraye ſource des ſolides conſolations : par cette pratique toute ſimple l'on eſt toujours tranquille & content, & rien n'eſt capable d'alterer la paix du cœur.

Il me reſte encore à vous exhorter de nouveau de penſer fréquemment à votte fin derniere. Songez que vous devez certainement mourir, ſans ſçavoir quand, comment, ni en quel lieu, & que c'eſt ce même moment qui doit décider de votre ſort éternel, l'arbre devant demeurer pour toujours du côté où il ſera une fois tombé. N'oubliez jamais la maxime que je vous ay repetée tant de fois ; que c'eſt une Loi immuable de la ſageſſe divine, que toute ame déreglée trouve néceſſairement ſa peine dans ſes propres dereglemens. Faites-vous une affaire capitale d'avoir dans le corps où vous servirez un ami fidele & éclairé à qui vous puissiez en tout tems ouvrir votre cœur en pleine confiance. Ce point est important dans les diverses circonstances de la vie, & dans les differentes situations où se trouve l'esprit; mais il faut que cet ami soit un homme d'un sens droit, qui ait de la délicatesse dans le goût, dans l'esprit & dans les sentimens; un homme qui joigne à des principes solides pour la conduite, un grand fond de Religion.

Connoissez bien le prix du tems, & ne le prodiguez pas à de frivoles inutilitez, dont on doit un jour rendre un compte bien rigoureux.

Je vous conseillerois d'avoir dans vos campemens toujours votre tente à vous seul, afin de pouvoir être le maître de tous vos momens libres pour les employer utilement, tantôt à de solides lectures, tantôt à écrire quelque choix de pensées instructives, & à vous recüeillir un peu en vous-même, & pour cela vous pouvez facilement vous dérober à certaines heures de la foule : vous n'aurez pas observé cela huit jours, qu'il vous tardera de vous trouver seul; par cette methode on est toujours en état de bien regler les affaires de sa conscience, de s'appliquer convenablement à tout ce qui a rapport aux devoirs de son état présent, & de mettre en même tems tout l'ordre necessaire à ses petites affaires domestiques. Ce qui se fait ainsi à loisir & tranquillement, est toujours bien autrement ajusté, que ce que l'on fait précipitamment ou par interruption.

Voilà, dit Lescure, un précis qui renferme ce qui peut rendre essentiellement heureux : se conformer à ce plan, est sans doute le vrai moyen de mener une vie douce & tranquille. Il est certain que tous les plaisirs de la terre réünis ensemble, n'ont rien qu'on puisse comparer au témoignage d'une conscience nette, qui n'a rien à se reprocher. La satisfaction la plus solide & la plus délicate, que la probité d'un homme droit & d'un grand sens, puisse lui procurer ici-bas, c'est assurément cette paix de l'ame, cette joye intérieure & cette tranquillité inalterable de l'esprit : hors cela tout n'est qu'un vuide affreux & un cahos pénible. L'on peut, en effet, suivant le dire de votre Mentor, regarder un bien si précieux, comme la récompense d'une vertu qui semble renfermer en elle toutes les autres.

Quant à l'article de ses instructions touchant l'emploi du tems, c'est encore là un conseil très-utile, de même que celui d'avoir un ami de confiance. Ce n'est pas un médiocre bonheur, comme nous le disions il y a quelque tems, que la rencontre d'un homme de cette trempe, & avec qui on puisse mener une vie de raison, de réfléxions & de franchise. Pour ce qui est de l'excellente méthode de se faire chez soi à certaines heures, comme une espece de solitude, je connois bien des personnes qui observent exactement cette conduite, & qui s'en trouvent bien dans tous les sens : & rien, à la verité, ne me paroît plus sensé; car c'est dans ces momens de recueillement & de discussion avec soi-même qu'on songe à réformer bien des abus ; l'on y réfléchit particulierement sur celui de se livrer trop aux autres, & d'être peu à soi-même. Enfin par-là l'on employe utilement un tems considerable, qu'on perd souvent mal-à-propos dans les vains amusemens & les conversations frivoles des gens désœuvrés, dont le propre est de ne sçavoir ni penser, ni s'occuper de rien de solide ou d'utile.

Mon pere me donna, en se retirant du service, des instructions étendues dans ce même goût, & il n'y avoit rien qu'il me recommandât plus fortement que de m'arranger de façon à avoir certains momens libres dans la journée, où je pusse concerter & diriger ma conduite, m'appliquer à ce qui pouvoit regarder les devoirs de mon état, & envisager bien sérieusement la fin pour laquelle j'ai reçu l'être.

Il me prescrivit en même tems des lectures solides & instructives, en me faisant sentir l'utilité du mélange de l'Histoire & de la Morale. Vous n'aurez pas à craindre, ajoutoit-il, l'ennuy dans cette variété d'occupations toujours fructueuses & pour l'esprit & pour le cœur : sur-tout dès que vous vous serez fait l'habitude de remarquer les endroits frapans, & qui peuvent contenir des leçons de prudence & de sagesse, & d'en faire des Extraits par écrit, cet utile amusement vous interessera bien-tôt infiniment plus que les dissipations des compagnies tumultueuses, où l'on ne respire que la vanité, & où l'on ne fait que s'ennuyer les uns les autres. En un mot, il s'agit de se fixer au systême sensé de s'occuper toujours agréablement, utilement & innocemment.

Au reste, que vos lectures dans les Livres de Morale soient d'ordinaire courtes, réfléchies & par poses, vous arrêtant aux endroits qui vous paroîtront mériter le plus d'attention: vous vous formerez par-là un attrait qui ira toujours en augmentant; d'où suit de la facilité à envisager les choses dans leur veritable jour. Alors vous comprendrez combien il est heureux de sçavoir s'occuper & se passer quand on veut

veut des compagnies, sur-tout quand on n'est pas en situation d'en pouvoir faire un certain choix.

Enfin par ces petites pratiques l'on s'accoutume à penser, à réfléchir, à écrire correctement & avec goût, & à mettre, en un mot, tout à profit en s'amusant : c'est ce que ne peuvent comprendre les fainéans, qui souvent dévorez par l'ennuy, comptent impatiemment toutes les heures de la journée.

Je me suis fait une affaire capitale, continua Lescure, de me conformer de mon mieux à ces solides avis, en me faisant un emploi de journée, (qui ne me détournant pas de mes devoirs d'ailleurs) m'est une source continuelle de consolation & de tranquillité d'esprit.

Pour vous, ajouta-t'il, en s'adressant à Hamilton, je vous trouve heureux de vous être fixé aux conseils de l'oncle à Morale Chrétienne, & doublement heureux de n'avoir pas été élevé sous la direction de celui qui marquoit tant d'indulgence pour les intrigues de cœur. L'idée de pareilles maximes ne peut qu'être pernicieuse à un jeune homme déja tout disposé à en suivre les impressions. Ce n'est pas qu'il ne puisse y avoir quelquefois certaines exceptions dans cette regle generale : il se peut, par exemple, que c'eût été une chose avantageuse à un Heros, tel qu'étoit le Roi de Suede, d'avoir eu quelque disposition à la tendresse, ou à vouloir plaire aux Dames : cela lui eut peut-être ôté de cette férocité & de cette inflexibilité qui désoloient ses zelés Conseillers, & qui déconcertoient si souvent leur prudence & leurs projets.

Il n'est point douteux, répliqua Hamilton, que les sentimens tendres n'eussent adouci ses mœurs & moderé cette humeur altiere &

impérieuse qui l'a précipité dans de si étranges désastres.

Il est étonnant, reprit Lescure, que les conseils des personnes les plus éclairées, & en qui il paroissoit avoir d'ailleurs une entiere confiance, ne pussent rien operer contre la fougue & l'impetuosité de ses mouvemens ; mais comme dit *Boileau* :

.... A l'ambition d'opposer la prudence,
C'est aux Prélats de Cour prêcher la résidence.

On ne peut reprocher à ce Heros, répartit Hamilton, d'avoir eu une ambition interessée ; la noblesse de ses sentimens à cet égard a fait l'admiration de toute l'Europe. Tout le monde sçait qu'un juste ressentiment fut le premier motif qui lui fit prendre les armes contre des Princes ligués & résolus de se prévaloir de la foiblesse de son âge pour opprimer ses Alliez, & lui enlever à lui-même une partie de ses Etats. Il est vrai que la gloire a été ensuite son unique idole ; mais c'étoit, encore une fois, une gloire qui le rendoit plus sensible au plaisir de donner les Royaumes, qu'à celui de les garder pour lui. Content de rétablir les affaires de ses Alliez, & d'humilier ses ennemis, il ne pensa jamais à s'approprier rien de toutes ses conquêtes. L'esprit toujours plein de l'heroïsme pompeux d'Alexandre le Grand, il voulut l'imiter dans la noblesse & la grandeur de ses entreprises ; & c'est sur ce pied-là qu'on l'a vû aussi inébranlable dans ses projets, que vif & ardent dans leur execution.

Il n'est pas le seul Prince, reprit Lescure, qu'on a vû échoüer en voulant suivre les traces d'Alexandre. Au reste, quoi qu'on refuse à ce Heros l'épitethe honorable de Grand-homme, l'on ne sçauroit disconvenir qu'il n'ait eu bien de la magnanimité & des qualitez vraiment heroïques. La source de tous ses malheurs fut d'avoir, comme vous dites, pris pour modele ce Heros antique, & de s'être trop rempli l'idée de ses vastes chimeres : il auroit fallu qu'il se fût representé Alexandre tel qu'il étoit peut-être en effet, ou tel que le dépeint si plaisamment Boileau dans ces Vers sur l'ambitieux :

.... Bien-tôt l'ambition avec meilleure escorte,
Dans le sein du repos vient le prendre à main forte,
L'envoye en furieux, au milieu des hazards,
Se faire estropier sur les pas des Cesars,
Et cherchant sur la bréche une mort indiscrette,
De sa folle valeur embellir la Gazette.
Tout beau, dira quelqu'un, raillez plus à propos ;
Ce vice fut toujours la vertu des Heros.
Quoi donc, à votre avis, fut-ce un fou qu'Alexandre ?
Qui ? cet écervelé, qui mit l'Asie en cendre ?

Ce fougueux d'Angely qui de sang alteré,
Maître du monde entier, s'y trouvoit trop serré ?
L'enragé qu'il étoit, né Roi d'une Province,
Qu'il pouvoit gouverner en bon & sage Prince,
S'en alla follement, & pensant être Dieu,
Courir comme un bandi qui n'a ni feu ni lieu,
En traînant avec soi les horreurs de la guerre,
De sa vaste folie remplir toute la terre.
Heureux ! si de son tems pour cent bonnes raisons,
La Macedoine eût eu des Petites-Maisons,
Et qu'un sage Tuteur l'eût en cette demeure,
Par avis de parens enfermé de bonne heure.

Charles XII. dit Marcel, avoit les vertus d'Alexandre le Grand, & n'avoit point ses vices : les femmes ni le vin n'ont causé aucune tache dans sa vie : on ne sçavoit qu'admirer plus en lui, ou cette grandeur d'ame accompagnée de tant de valeur, ou cette continence & cette sobrieté, qui, avec ses fameux exploits, faisoient le sujet ordinaire des entretiens de toutes les Nations. Si ce Prince n'a pas fourni de matiere aux Annales Galantes, ce n'est pas qu'il ne se soit formé mille desseins sur son cœur. Un Officier Suedois, qui étoit avec lui en Pologne, m'a raconté là-dessus ce que je vais vous dire en peu de mots. Pendant que ce Monarque étoit dans ce Païs-là, on lui parla si souvent d'une Demoiselle, dont la beauté & le génie sembloient tenir du prodige, qu'il se laissa aller enfin à la curiosité de la voir. Son esprit & sa personne lui plurent de maniere, que dans ses heures de loisir il se faisoit un singulier plaisir de l'entretenir. Un jour qu'il s'entretenoit avec ses Courtisans des agrémens de cette merveilleuse fille, il s'étendit particulierement sur son extrême modestie; ce qui ayant été rapporté à la jeune Demoiselle, elle se hazarda de lui écrire. Voici ce que j'ai pû retenir de sa Lettre, dont le même Officier me donna une copie en Langue Allemande.

FRAGMENT.

*.... Je me fais un crime, SIRE, d'avoir imposé à Votre Majesté. Bien loin d'avoir cette modestie qu'elle me croit, je me vois forcée de lui avoüer que je nourris en moi la folle présomption de m'imaginer que si mon cœur lui étoit connu, elle ne le trouveroit peut-être pas indigne du sien. Vous ne vous attendiez pas, SIRE, à trouver dans une fille Polonoise une ambition au-dessus de la vôtre : cependant il est très-vrai que cette même fille ne trouve que vous seul dans le monde qui soit digne d'elle. Ce n'est pas tant parce que vous effacez tous les Heros qui ont paru jusqu'ici, que parce que votre grand cœur n'a encore donné aucune marque de sensibilité. Si la défaite de tant de

formidables Puissances vous donne, SIRE, une gloire dont tout l'Univers doit retentir, la défaite de mon cœur vous en donne encore une plus grande, mais qui doit demeurer ensevelie dans un éternel silence. J'accepte, avec beaucoup de reconnoissance, la protection que vous m'offrez dans ces tems critiques pour mes parens & mes amis; mais quant à vos présens, je supplie très-humblement Votre Majesté de trouver bon que je les refuse. Le don de tous ses vastes Etats ne pourroit contenter une ambition telle qu'est la mienne. Voilà, SIRE, quelle est cette fille que vous avez cruë si modeste, &c.

Il est impossible, dit Hamilton, que de pareils sentimens exprimez avec tant de vivacité & de noblesse, n'ayent fait quelque impression sur le cœur du Heros.

S'il y a été sensible, répondit Marcel, il n'en a rien fait paroître;

il ne revit plus même la belle Polonoise, ses occupations guerrieres l'ayant appellé dans ces mêmes tems ailleurs; & il n'y a nul lieu de s'étonner que tant de tendresse, de merite & de charmes se soient trouvez perdus auprès d'un homme tel qu'étoit ce Roi. Il ne se pouvoit rien ajouter, continua-t-il, aux charmes & aux agrémens de la Comtesse de Konismar; & comme elle n'étoit pas moins celebre par son esprit que par sa beauté, on la regardoit comme la seule personne capable d'adoucir l'esprit du jeune Monarque: cependant toutes ses démarches en faveur du Roi Auguste furent inutiles. Elle ne put jamais parvenir à avoir d'audience pour entrer en négociation. Le dernier Auteur de l'Histoire de Charles XII. dit qu'elle joignoit à toutes ses autres perfections le merveilleux talent de parler facilement differentes

Langues ; & que comme elle avoit un grand goût pour la Poësie, elle composa de fort beaux Vers, où elle avoit ingénieusement introduit les Dieux de la Fable, qui tous loüoient les differentes vertus du jeune Heros, mais qui parut peu sensible à tout cela. Voici les trois derniers Vers de cette piece, tels qu'on les voit dans son Histoire, & qui ne doivent pas donner une médiocre idée du reste.

... Enfin chacun des Dieux discourant à sa gloire,
Le plaçoit par avance au Temple de Mémoire :
Mais Venus ni Bachus n'en dirent pas un mot.

Quoique dans les dernieres années de l'état brillant de ce Monarque, poursuivit Marcel, la France n'eût pas trop lieu d'être contente de lui, elle ne laissa pas de prendre beaucoup de part à son désastre. Nous étions campés dans la plaine de Lens, entre Arras & Lille, lorsque nous apprîmes la nouvelle de la défaite de l'Armée Suedoise à la malheureuse Bataille de Pultova. Je me trouvai chez M. le Maréchal de Villars lorsque le Courier arriva. Nous parûmes tous aussi consternez que si nous avions eu le même sort. Le Maréchal en fut vivement saisi, & il dit à cette occasion des choses dignes de remarque, en rapportant plusieurs circonstances curieuses du tems où ayant forcé les lignes de Stoloffen, il croyoit joindre le Roi Charles qui paroissoit sur le point de favoriser la France. C'étoit en 1706. Il étoit alors avec son Armée victorieuse au milieu de la Saxe après avoir détrôné le Roi Auguste. Dans cette situation il donnoit infiniment de l'ombrage à l'Empereur & aux autres Puisſances alliées, & l'on ne doutoit point qu'il ne profitât de la conjoncture pour les mettre à la raiſon, & faire faire la paix à des conditions convenables. Il ne lui manquoit plus que cette gloire pour couronner toutes ſes belles actions, & il le pouvoit comme Médiateur, & Médiateur redoutable.

Il eſt vrai, dit Hamilton, qu'il avoit là en main de quoi éterniſer ſa mémoire à toute la poſterité: il pouvoit accepter de nouveau la médiation qu'on lui offroit, & terminer tout de la maniere qu'il eût voulu. Quelque choſe qu'on impute au Comte Piper ſur la démarche du Roi dans ces temslà, l'on prétend qu'il étoit luimême réſolu de commencer premierement par détrôner le Czar, comme il avoit fait Auguſte, & de revenir enſuite ſur ſes pas s'ériger en Arbitre de l'Europe; mais que l'avis de son Conseil étoit qu'avant de s'engager en Moscovie, il falloit établir sa médiation & affermir le Roi Stanislas sur son Trône.

Quoi qu'il en soit, reprit Marcel, il a eu la satisfaction de faire pendant quelque tems la loi à l'Empire, d'humilier l'Empereur, & de voir cette hauteur de la Cour de Vienne fléchir devant lui, par la promptitude avec laquelle elle lui accorda toutes les demandes qu'il lui fit, quelque dures qu'elles lui parussent.

L'arrivée de la nuit mit fin à cette conversation, & sépara les quatre amis.

ENTRETIEN V.

L'ESCURE, GORDON, Hamilton & Marcel se réjoignirent peu de jours après aux Thuilleries. Comme ils alloient se placer à leur endroit ordinaire, ils virent venir à eux l'Abbé de P... qui tenoit un Livre à la main. Comme son goût pour la lecture se termine à celle qui l'amuse davantage, Lescure dont il est parent, l'attaqua par un agréable badinage sur ce sujet.

L'Abbé n'admire rien tant que les Contes de la Fontaine, & les Ouvrages de Madame de Villedieu, dont il porte toûjours quelques volumes sur lui : on le trouve inépuisable en remarques sur les saillies & les tours ingenieux dont cette Dame assaisonne ce qu'elle dit.

Lescure qui le mit à dessein sur cette matiere, feignit de vouloir relever les Œuvres de Madame d'Aunois, & de leur donner tout l'avantage sur celles de Madame de Villedieu. Comme il n'en falloit pas tant pour animer l'Abbé, cela donna lieu à un entretien mêlé d'agréables plaisanteries qui réjoüirent beaucoup la compagnie.

La conversation tomba ensuite sur les Ouvrages du tendre & délicat Fontenelle, dont on parla avec grand éloge.

Je ne puis croire, dit Gordon, que les lettres qu'on attribue à cet illustre Auteur, & qui paroissent sous le nom du Chevalier d'Her... soient effectivement de lui. Il me semble qu'on n'y trouve rien de ce caractere naïf, simple & aisé qu'on remarque dans les Ecrits de Fontenelle: il n'y a même rien de cet air naturel, qui est le propre des lettres familieres.

Pour moi, ajoûta-t-il, j'ai toujours été tenté de les regarder comme de ces lettres en l'air, & faites dans la seule vûë de faire parade de son esprit ; car enfin c'est de l'esprit par tout, & il n'y a que cela.

Quand on n'écrit, répondit Marcel, que pour montrer de l'esprit, & pour en tirer avantage, il s'ensuit d'ordinaire un effet tout opposé à son attente ; car en cela l'on déplaît toujours à force de vouloir plaire : une pareille affectation revolte tout le monde, sur-tout si on la remarque dans les choses qui ne souffrent naturellement que de l'uni & du simple. Les ornemens recherchés conviennent peu aux lettres familieres ; l'air aisé & naturel fait leur principal agrément. En lisant des lettres où le travail paroît trop marqué, l'on ne manque gueres de conclure que l'Auteur a moins en vûë de se faire entendre, que de montrer qu'il est éloquent.

Ce que vous venez de dire là est tellement vrai, repliqua Lescure, que l'art qui peut se montrer dans les grandes pieces d'éloquence, ne peut être trop caché dans les lettres familieres, dont le propre est le langage du cœur, qui est incompatible avec les recherches affectées. Les Lettres d'Abelard & d'Eloïse seroient d'un prix infini, s'il y avoit un peu moins de ces sortes de recherches : ce qui convient le plus dans le genre épistolaire, est de joindre la netteté à la précision.

Cela n'est pas si aisé qu'on pense, répartit Marcel, & je crois qu'il y a bien plus de gens qui sçavent écrire dans le goût de Balzac, que dans celui de Bussy, ou de Madame de Sevigné ; & l'on doit faire plus de cas des moindres billets de cette Dame, que de toutes les lettres de Balzac, quoiqu'il y ait tout l'esprit possible. Le Pedant sorti frais & moulu du College, fait ses delices de celle-cy; elles sont aujourd'hui son partage; les autres seront dans tous les tems du goût des connoisseurs, & des personnes qui n'écrivent que pour exprimer tout simplement ce qu'elles pensent.

L'on remarque, dit Hamilton, qu'un Auteur, qui par un penible travail donne au public des volumes de Lettres, est d'ordinaire mal payé de ses peines; ces belles inutilitez qui lui ont couté tant de soins & de fatigues, sont souvent mal reçûes. Le Lecteur de mauvaise humeur ne lui pardonne pas cet excessif travail, qui le jette en les lisant dans un autre travail, pour demêler le sens & les pensées ensevelies dans un tas de verbiages qui les offusquent. C'est ici un défaut qu'on reproche avec raison à plusieurs de nos Auteurs Anglois, ausquels il ne manque que le naturel dans leurs Ecrits pour être excellens. On veut s'élever au-dessus du commun par un certain rafinement de langage & de tours guindez, dont il s'ensuit une espece d'emphase mal entenduë, qui tient du précieux, & qui jette dans l'obscurité & dans le galimathias.

Le stile coupé des femmes, dit l'Abbé de P.... quoiqu'il n'y ait d'ordinaire ni regle ni exactitude, plaît néanmoins beaucoup : le feu, l'imagination, les tours delicats, les pensées fines, les saillies heureuses, tout cela presente un suplement qui fait qu'on leur passe même jusqu'à ce faux qu'on trouve ordinairement dans le tour de leurs phrases.

Ce faux qu'on leur reproche, interrompit Marcel, ne paroît pas aux yeux de tous les Lecteurs ; & le brillant hardi qui éblouït l'ignorant, rend le connoisseur indulgent. L'un & l'autre, continua-t-il, admireront toujours les lettres de Madame de Sevigné; la netteté & la justesse s'y trouvent jointes à la précision, & les qualitez du cœur s'y font sentir avec celles de l'esprit. Il semble que c'est la nature elle-même qui parle dans ce stile simple, aisé, & tout ensemble noble, fin & délicat: l'air naïf & ingenu ajoûte encore beaucoup à ses agrémens.

Gordon fit ici une petite plaisanterie à Marcel, qu'il disoit n'être si fort partisan de Madame de Sevigné, que parce qu'elle parle avec tant de graces & d'énergie de l'amitié.

Parlons donc en général, reprit Marcel; où trouve-t-on plus de legereté, de finesse & de goût, que dans le stile des femmes? Au lieu de cet art compassé & gênant, on y trouve les fleurs & les graces, enfin tous les charmes de la naïveré & du naturel. Le Pedant se recrie sur la negligence dans les expressions, & les personnes de bon goût trouvent dans cette même negligence je ne sçai quoi de noble qui leur plaît. Le point capital est la justesse & la solidité dans les pensées.

Vous avez, dit Hamilton, un bon garant dans ce que vous venez de dire du stile des femmes, & il faut que je vous le cite, ajoûta-t-il en riant, quand ce ne seroit que pour vous faire voir encore une fois que je sçai mon la Bruyere par cœur, au hazard de me voir encore relancé de mon ami Gordon. Ce sexe, dit mon Auteur parlant des femmes, va plus loin que le nôtre dans le genre épistolaire : elles trouvent sous leur plume des tours & des expressions, qui souvent en nous ne sont que l'effet d'un long travail & d'une penible recherche : elles sont heureuses dans le choix des termes qu'elles placent si juste, que tout connus qu'ils sont, ils ont le charme de la nouveauté, & semblent être faits seulement pour l'usage où elles les mettent. Il n'appartient qu'à elles de faire lire dans un seul mot tout un sentiment, & de rendre delicatement une pensée qui est delicate : elles ont un enchaînement de discours inimitable qui se suit naturellement, & qui n'est lié que par le sens. Si les femmes étoient toujours correctes, il faudroit convenir que les lettres de quelques-unes d'entr'elles seroient peut-être ce que nous avons dans notre langue de mieux écrit.

L'Abbé donnoit son aplaudissement à tout ce qu'on venoit de lire du stile des femmes, lorsqu'il apperçut trois ou quatre Dames de ses amies qui se promenoient dans une allée voisine ; il courut aussitôt vers elles, & leur rendit cette converſation, tenant toujours le volume de Madame de Villedieu à la main. Il eut encore à eſſuyer là-deſſus bien de petites plaiſanteries, mais il ſemble être fait pour cela.

Leſcure continuant à entretenir ſes amis de la compagnie qu'il venoit de quitter en Ville; j'y ai laiſſé, ajoûta-t-il, un homme que j'ai été étonné de voir faire le perſonnage d'écoutant; ſa nouvelle contenance m'a fait juger qu'il s'eſt corrigé.

Vous donnez aſſez à entendre que c'eſt un grand parleur, dit Gordon, & ſi cela eſt, je vous crois ſur ſon ſujet dans le mécompte. L'on ne voit gueres de converſions de cette eſpece: celui qui a été grand parleur l'année derniere, l'eſt encore cette année, & le ſera toutes les années de ſa vie.

Quoi qu'il en ſoit, réprit Leſcure, je l'ai trouvé aujourd'hui d'un ſilence

silence & d'une modestie qui ont presque effacé la mauvaise impression qu'il m'avoit laissée de lui. Il y a quelques jours que l'ayant trouvé dans la même maison, je l'y vis faire un personnage tout different. Il avoit avec lui un de ses amis, & ils défrayerent tous deux la compagnie par une volubilité des plus étranges. J'avois régardé jusques-là comme une plaisanterie ce que j'entendois dire de ceux qui conviennent ensemble d'un certain arrangement de propos, de maniere à pouvoir se saisir absolument de toute la conversation, en quelque lieu qu'ils se trouvassent, & cela dans la vûë de se faire regarder comme gens qui sont au fait de tout, & qui ne parlent cependant des choses qu'à mesure que la conversation semble varier naturellement d'une matiere à l'autre par un rapport convenable. C'est sur ce pied que ces deux Messieurs se faisoient admirer dans un cercle assez nombreux : ils se renvoyoient la balle avec une telle rapidité, que deux des plus vives & des plus precipitées parleuses du Royaume ne pûrent jamais trouver l'instant à placer leur mot, quoiqu'elles eussent la bouche ouverte pendant toute cette seance. Ces deux merveilleux ayant brillé ainsi pendant quelques heures, prirent congé de la compagnie dès qu'ils se virent au bout de leur rolet ; mais ils eurent le malheur de laisser d'eux dans cette assemblée, une impression bien differente de celle qu'ils avoient en vûë. Les Dames se vengerent bien-tôt de la violence qu'il fallut qu'elles se fissent pendant le tems que dura ce dialogue machinal.

Il survint dans ces entrefaites une Dame, qui ayant rencontré ces deux rares acteurs comme ils sortoient, & qui étant instruite de leur manége, apprit à la compagnie qu'ils alloient tous les jours de maison en maison faire le même personnage : elle découvrit enfin tout le mystere, & de quelle maniere ils concertoient leur rôle.

Il falloit entendre là-dessus les regrets de toutes ces Dames, de ce qu'elles les avoient laissé ainsi sortir d'un air triomphant. Elles convinrent entr'elles des moyens qu'elles devoient employer pour les humilier à la premiere occasion; & à en juger par la contenance de celui que j'ai vû aujourd'hui, je suis tenté de croire qu'elles auront trouvé cette occasion, & qu'il leur a enfin l'obligation d'être devenu raisonnable. En ce cas, suivant ce qu'avoient projetté les Dames, il doit lui en avoir coûté bien de la confusion. Ce qui revolte le plus contre ces deux prétendus beaux esprits, c'est qu'ils font profession d'être railleurs & critiques, se faisant gloire du malheureux talent de sçavoir semer la division dans toutes les maisons qu'ils frequentent. Ils se font une affaire capitale de s'instruire des secrets des familles, & ensuite un plaisir malin de les publier par tout, en y ajoûtant des circonstances de leur façon.

De quelque maniere, dit Gordon, que ces Dames ayent resolu de les mortifier, ce sera toujours bien peu en comparaison de ce qu'ils meritent : la punition même des galeres est encore trop douce pour des hommes de ce caractere. On vouloit une fois établir une Loi en Angleterre pour punir les médisans ; il y avoit une récompense considerable pour quiconque pourroit convaincre un autre de calomnie ; & le calomniateur, tout couvert d'écriteaux, devoit essuyer les horreurs du pilori pendant plusieurs jours de suite, & être condamné à une amende au profit des pauvres prisonniers renfermés pour dettes.

Cette Loi, réprit l'Escure, eût été sage & tres-utile pour la paix & le repos public, mais à notre grande honte on n'en voit de semblables que parmi les Payens. Il est triste de voir qu'il faille de pareils freins aux Chrétiens, dont le principal devoir est la pratique de la charité fraternelle, & d'une charité indulgente accompagnée de douceur & d'humilité, en un mot l'observation du grand precepte de l'amour du prochain.

Il n'y a pas trop lieu de s'étonner, dit Marcel, de la conduite de ces deux originaux dont vous venez de nous parler. C'est l'ordinaire des grands parleurs de vouloir faire les agréables aux dépens de quelqu'un; il n'y a ni parens ni amis qui puissent être à l'abri de leurs coups de langue : la démangeaison de parler étouffe en eux toute autre considération, & il ne seroit pas aisé de dire jusqu'où les conduit le défaut de principes & de sentimens. L'on ne sçauroit, ce me semble, inspirer trop d'éloignement aux jeunes gens pour les societez de pareils bavards ; c'est un écueil qu'ils ne sçauroient trop fuir. Vous ririez peut-être de ma simplicité, continua-t-il, si je vous rapportois ce que me disoit sur cet article une bonne tante, à qui j'ai l'obligation de n'être ni hardi parleur, ni enclin à vouloir nuire à personne.

Comme il s'agit d'instruction, répondit Hamilton, il faut, s'il vous plaît, qu'au hazard de nous faire rire, vous nous fassiez part de quelqu'unes des leçons de cette bonne tante.

Il n'y avoit rien sur quoi elle insistât plus, réprit Marcel, qu'à vouloir m'inspirer de l'horreur pour la médisance, pour le mensonge, & pour tout ce qui pouvoit avoir l'ombre de calomnie. Elle m'exhortoit sans cesse à me souvenir qu'on est heureux à proportion qu'on est bienfaisant, & ne pouvoit se lasser de me repeter ces paroles de la seconde Epître de Saint Pierre : » Si quelqu'un aime la vie, & desire que ses jours soient heureux, » qu'il empêche que sa langue ne » se porte à la médisance, & que » ses levres ne prononcent jamais » des paroles de tromperie ou de » calomnie : qu'il recherche la » paix avec lui-même & avec le » prochain, & ses jours couleront » dans l'innocence & la joye; car » le Seigneur a les yeux ouverts sur l'homme droit, & ses » oreilles attentives à ses prieres. » Personne n'est capable de nuire » à celui qui ne pense qu'à faire le » bien.

Nous n'aurions qu'à nous conformer à ce que renferme ce peu de mots, repliqua Lescure, pour être réellement heureux. C'est se faire du bien à soi-même, que d'être toujours disposé à en faire aux autres. Les vertus chrétiennes ont encore cela d'aimable, qu'elles applanissent les inégalitez de nos humeurs, en rétranchent les rudesses, & procurent par là la paix & l'union. Que d'avantages, continua-t-il, ne tire-t-on pas de cette bonté interieure qui nous rend veritablement sensibles aux biens & aux maux du prochain ? Tandis qu'on n'a que de la dureté à son égard, on ne peut se flatter d'être lié au Corps de Jesus-Christ, ni d'y tenir par ces nœuds sacrés qui unissent les veritables Chrétiens. Le sort du médisant & du calomniateur est déplorable dans tous les sens : en voulant nuire par ses discours malins, il se trouve qu'il est lui-même celui à qui il nuit le premier. Tout le fruit qu'il tire de ses satyres & de ses railleries se termine d'ordinaire à se rendre odieux & méprisable. Rien ne caracterise plus le malhonnête homme que cette facilité à décrier les absens. Au reste, une continuelle experience nous fait voir combien peu il y a de personnes à qui il convienne de railler. Comme il faut pour cela non-seulement de l'esprit, mais un bon esprit, il n'est pas étonnant si l'on voit tant de mauvais plaisans, dont les insipides railleries dénotent une grande indigence d'esprit, de sentimens & de jugement. Le bavard qui n'a rien de son propre fonds, a d'ordinaire recours à pareil suplément ; on le trouve toujours prêt à faire quelque conte ridicule aux dépens du premier qui se presente à sa pensée : il se hâte ainsi à faire parade de son ignorance, de sa malignité & de la bassesse de son ame.

Rien ne me paroît plus aimable, dit Hamilton, que les petites plaisanteries que se font entr'eux les honnêtes gens, puisqu'elles ne passent jamais les bornes de cette regle, qui veut que celui qu'on raille puisse être toujours le premier à rire de la raillerie qu'on lui fait. L'on voit souvent entre des personnes sensées, & qui sont liées d'amitié, un petit badinage leger, une espece de petite guerre enjouée, qui a toujours quelque chose d'agréablement piquant : non-seulement elle sert à égayer la conversation, mais elle se termine d'ordinaire par quelque trait délicat & obligeant. Pour ce qui est des apprentifs Petits-Maîtres, & des autres fats de cette espece, ils devroient, ce me semble, pour leur propre interêt, s'interdire toutes plaisanteries, n'ayant en eux rien de ce qu'il faut pour pouvoir les soûtenir avec quelque agrément.

Mais ce seroit leur en demander trop ; un pareil effort n'est pas plus de leur portée que les talens nécessaires pour l'agréable & fine plaisanterie.

Rien ne convient tant à tous les hommes, répondit Marcel, que de se souvenir qu'il ne faut jamais hazarder la plaisanterie, même la plus permise & la plus agréable, qu'avec gens qui ont l'esprit bien-fait. Il y a, comme dit la Bruyere, certains petits défauts qu'on abandonne assez volontiers à la critique, & c'est seulement à ces sortes de défauts qu'il faut s'attacher dans les railleries ; elles n'ont alors rien que d'agréable & d'amusant, même pour les personnes qu'elles regardent.

Il me paroît, reprit Lescure, que la Bruyere donne une idée fort juste des mauvais plaisans & des esprits malins dont nous parlions tout-à-l'heure. Parler & offenser, pour de certaines gens, est, dit-il, précisément la même chose : ils sont piquans & amers ; leur langage est mêlé de fiel & d'absinthe ; les railleries malignes, l'injure, l'insulte leur découlent des levres comme leur salive ; il leur seroit utile d'être nez muets ou stupides : ce qu'ils ont de vivacité & d'esprit leur nuit davantage, que ne fait à quelques autres leur sottise ; ils attaquent avec insolence, & répliquent avec aigreur ; ils frappent sur tout ce qui se trouve sous leur langue, sur les presens, sur les absens ; ils heurtent de front & de côté comme des beliers. Demande-t-on à des beliers qu'ils n'ayent pas de cornes ? De même n'espere-t-on pas de réformer par cette peinture des naturels si mauvais, si durs, si indociles : ce que l'on peut faire de mieux, d'aussi loin qu'on les découvre, est de les fuïr de toute sa force, & sans regarder derriere ſoi. C'eſt de ces caracteres avec qui il ne faut jamais ſe commettre, de qui l'on ne doit pas ſe plaindre, & contre qui il n'eſt même pas permis d'avoir raiſon.

Voilà, dit Gordon, une peinture qui n'eſt pas moins plaiſante qu'elle eſt vraye. Dans le fond à quoi ne s'expoſent point tous ces gens à mauvaiſes ſaillies! Mais après tout, il ſe trouve que de tous les ennemis qu'ils ſe font, ils n'en ont pas de plus cruels qu'eux-mêmes. A l'égard du petit badinage de mots, il auroit toujours ſon prix, ſi le bon eſprit, l'eſprit fin, l'eſprit juſte étoient auſſi communs que le mauvais eſprit, l'eſprit fade & l'eſprit bas; mais il en faut toujours revenir à ce que vous diſiez il y a un moment, qu'il s'agit de bien des choſes à la fois pour pouvoir railler heureuſement: du moins faut-il le ſçavoir faire de maniere que celui qu'on attaque puisse se jouër lui-même dans cette petite guerre ; attention trop délicate pour être de la portée de tous ceux qui se mêlent de railler. C'est ici une chose, ajouta-t'il, dont je me propose dès ce moment de me souvenir toute ma vie.

Je crois, reprit Marcel, qu'il y auroit de l'imprudence à vouloir railler une personne avec laquelle on n'a nulle familiarité ; mais il y en auroit sans doute encore bien plus à vouloir railler une personne élevée en dignité, quelqu'accès qu'on puisse avoir auprès d'elle, à moins qu'elle n'y engage necessairement elle-même d'une certaine maniere. L'élevation des Grands ne laisse pas assez de liberté pour pouvoir réüssir heureusement dans la plaisanterie. Il est de l'homme sage de ne pas trop se frotter à eux, & de les laisser, comme on dit, tels qu'ils sont. L'on doit toujours se conduire dans leur familiarité avec la précaution necessaire à l'égard des choses flatteuses, mais en même tems dangereuses.

Vous n'avez peut-être pas remarqué, dit Lescure, que D.... a passé près de nous pendant que nous parlions des parleurs indiscrets & des mauvais plaisans. Je vous avoüe que j'ai un vrai déplaisir de voir qu'un homme qui a de si grands talens, soit si ingenieux à les ternir par la démangeaison de parler à contre-tems. Je ne vous pardonne pas, continua-t-il en s'adressant à Marcel, de ne pas user de quelque biais pour lui faire envisager le tort qu'il se fait par l'effrayante épithete qu'on lui donne de parleur impitoyable; il est triste de manquer de jugement avec le beau don de bien parler.

Je souffre plus que personne, répliqua Marcel, d'entendre ce qu'on dit de lui ; mais que puis-je faire contre une habitude trop enracinée ? Comme il trouve des admirateurs parmi les sots, & que sur cet article il m'a toujours paru trop content de lui-même, je suis prévenu de l'idée que mes avis là-dessus seroient mal reçus ; notre liaison n'est pas assez étroite pour qu'elle m'autorise à les hazarder. De bonne foi comment pouvoir faire entendre à un Auteur dont les ouvrages ont fait du bruit, qu'on le regarde comme un bavard ? De quel front, encore une fois, iroit-on dire à un tel homme qu'il est l'effroi des societez ?

Sans qu'il soit question de dire les choses si cruëment, interrompit Lescure, il y a mille tours à donner d'une maniere indirecte pour réveiller l'attention d'un ami sur un point si capital.

Je me suis déja servi avec lui de ces voyes de circonspection, répondit

répondit Marcel, mais toujours très-inutilement ; jamais il n'a voulu se reconnoître dans mes tableaux. Il y a quelque tems qu'étant à nous entretenir ensemble sur les caracteres, j'eus occasion de dire très-naturellement que c'étoit le principe de toute impertinence, de vouloir toujours se saisir des conversations, & de n'avoir pas assez de jugement pour sçavoir quelquefois écouter ; & comme nous vinsmes à parler tout de suite des inconveniens de l'impolitesse, je pris encore occasion de dire que la politesse consiste principalement dans une attention à faire ensorte que les autres soient contens de nous & d'eux-mêmes ; je m'arrêtai même à paraphraser un peu tout cela. Vous m'avoüerez que pour aller plus loin, il faudroit qu'il y eût entre nous une amitié bien forte, & que dans une pareille entreprise je pusse en même tems être enhardi par la remarque de certaines dispositions en lui à recevoir mes avis de la maniere convenable. J'aurois, au reste, continué long-tems sur le ton que je viens de vous dire, qu'il ne lui seroit jamais venu dans la pensée de rien prendre de tout cela sur son compte ; ainsi vous trouverez bon que je laisse à quelqu'autre le soin de lui faire remarquer ses défauts.

Il me paroît étrange, dit Hamilton, qu'un homme d'esprit ne fasse pas réflexion que c'est le rôle ordinaire du fat de vouloir lui seul faire tous les frais de la conversation, & d'être prompt à enlever la parole aux autres.

Comme le grand parleur, répliqua Lescure, ne se donne pas le loisir de réfléchir, il est rare qu'il se fasse quelque application utile, & par conséquent il ne se peut gueres qu'il ne soit toujours indiscret. D'ailleurs, generalement parlant, le parleur perpetuel ne sçauroit être doüé d'un esprit veritablement solide : le jugement & la trop grande abondance des paroles se rencontrent rarement ensemble. L'on trouve quelquefois dans la volubilité d'un grand parleur des traits vifs & brillans qui le font regarder comme un homme d'esprit par ceux qui ne sçavent rien approfondir : éblouïs par cette vivacité & ce brillant, ils sont peu capables d'en démêler le faux, & il ne leur vient pas dans la pensée que rien ne dénote moins l'homme d'esprit que le grand discoureur, dont le propre est de s'écarter toujours de la sagesse & de la moderation qui sont les fideles guides du vrai merite.

Le hardi parleur se trompe lourdement dans les voyes qu'il imagine pour se concilier les esprits : il cherche de la consideration, de l'estime, de l'admiration, & il arrive précisément qu'il se fait mépriser & haïr. Il arrive, par exemple, que je démêle dans une compagnie deux hommes d'un tour d'esprit bien opposé. Je vois dans l'un un empressement démesuré à faire parade de tout ce qu'il sçait: il ne me faut pas un long examen pour le trouver tout de suite vain, superficiel, impudent, & il ne me m'en faut pas davantage pour me faire prendre sur le champ la résolution de n'avoir aucun commerce avec lui, & même de le fuir de toutes mes forces. J'observe l'autre, & je vois qu'il écoute avec un air de douceur & de condescendance: je remarque tout de suite qu'il n'ouvre la bouche que pour parler d'une maniere sensée & mesurée: là-dessus je l'étudie quelques momens, & je lui trouve un caractere modeste, solide & vrai. Voilà alors mon jugement fixé sur son compte : je m'attens à trouver en lui un esprit aisé, naturel, liant, & j'ai le plaisir de voir que je ne me suis pas trompé dans mon attente. Son air de douceur, de modestie & de retenuë m'avoit du premier coup d'œil prévenu en sa faveur ; mais après ma découverte, me voilà porté à l'aimer, à l'estimer, à le rechercher.

Rien n'est plus naturel, repartit Hamilton, que de décider de la sorte. J'ai remarqué, continua-t-il, que dans la plûpart des Villes de Provinces, il suffit d'avoir un certain brillant, & de sçavoir avec assurance hazarder les propos & décider avec hardiesse, pour y être honoré du titre de bel-esprit. Au reste, ce que vous disiez tout-à-l'heure m'a fait souvenir d'un autre trait de mon la Bruyere, qui répond assez bien à ce sujet : avec beaucoup de capacité & de grands talens, l'on peut, dit-il, être trèsinsupportable. L'attention & les manieres qu'on néglige quelquefois comme des choses indifferentes, sont cependant ce qui fait que les hommes décident de nous en bien ou en mal. Nous ne jugeons pas d'ordinaire des autres par ce qu'ils sont en effet, mais par ce qu'ils sont à notre égard. Une legere attention dans les manieres & les actions suffit souvent pour prévenir les jugemens désavantageux.

Rien n'est plus vrai, reprit Lescure : une réfléxion mal digerée, une impolitesse, une faute contre la bienséance ou le bon sens, en voilà quelquefois assez pour décider de la réputation d'un homme; peu de gens se donnent la peine d'approfondir en lui le bon, qui pourroit en quelque façon compenser le mauvais. Il paroît que ce qu'on a à faire de mieux dans les compagnies nombreuses, c'est de s'observer beaucoup soi-même. Un homme prudent tâte par son silence l'opinion que l'homme suffisant cherche à donner de lui-même ; il le laisse parler & décider à son aise ; il ne remarque ses mauvaises saillies que pour s'affermir davantage dans le dessein de n'avoir rien de commun ni rien à démêler avec lui.

Il faut convenir, dit Gordon, qu'on a besoin d'une grande vertu pour supportet patiemment les extravagances d'un suffisant Petit-Maître qui fait le bel-esprit. Je me trouvai il y a quelque tems dans une voiture publique avec un Abbé de ce caractere, mais un Abbé qui s'estime infiniment, & à qui j'ai l'obligation de la résolution que j'ai prise de m'observer de maniere qu'il ne puisse m'arriver jamais le malheur de lui ressembler. Il sçait tout, il a d'étroites liaisons avec les Ministres, avec les principaux

Seigneurs de la Cour, avec tous les grands Prelats du Royaume; il connoît tous les meilleurs Auteurs; il donne le prix à leurs ouvrages, il critique, il décide, & tout ce qui n'est pas de son goût, est toujours pitoyable. Mais il faut remarquer que dans tout cela il ne s'agit pas précisément du goût, il s'agit tout simplement qu'il s'est mis dans la tête qu'un bel-esprit doit tout trouver mauvais, ou du moins qu'il ne peut rien loüer qu'en se faisant tort, & sur ce pied-là il n'y a gueres d'ouvrages qui puissent avoir son approbation; il n'y en a aucun où il ne trouve mille défauts. Vous comprenez assez par ces traits que ce doit être un homme peu capable de pouvoir se figurer l'impression qu'il laisse de lui, après avoir ainsi brillé dans une compagnie. Il me vint plusieurs fois dans la pensée en l'écoutant que ses parens lui ont joüé un très-

mauvais

mauvais tour en l'abandonnant à ſa propre conduite, & en lui fourniſſant deux ou trois cens piſtoles par an pour ſa dépenſe; car voilà préciſément une des principales ſources de ſon malheur. Il n'y a perſonne qui ne ſente que le Seminaire doit être le partage de ces Meſſieurs-là, juſqu'à ce qu'on les trouve propres dans tous les ſens, à être employez dans le Miniſtere de l'Egliſe. Quant aux Abbez du caractere de celui dont je viens de parler, ils doivent être diſpenſez du ſoin de conduire les ames, & exclus pour toujours de la peſante charge d'une Abbaye.

Rouvrais vint joindre les quatre amis à cet endroit de leur entretien; il venoit de ſe promener avec un homme à qui il paroiſſoit parler avec beaucoup d'action. Leſcure l'ayant trouvé un peu ému, lui demanda de quoi il étoit queſtion. Je viens, répondit-il, de prêcher à un homme qui m'est assez cher, & que j'ai la douleur de voir se perdre dans les débauches & dans les dissipations d'une vie tumultueuse. Je tâchois de lui faire sentir ce qu'il y a d'affreux dans la conduite de ceux qui coulent leurs jours dans la crapule d'une vie dereglée, sans réfléchir un moment sur la fin pour laquelle ils ont reçû l'être, & qui enyvrez des plaisirs grossiers & criminels, ne sçauroient avoir en eux rien de ce qui fait l'essentiel de l'homme.

Il y a bien des gens, dit Lescure, qui courent après les plaisirs tumultueux, & qui, en se livrant à la débauche, cherchent par-là à s'étourdir sur leurs chagrins; mais le mécompte qu'ils trouvent dans cette stérile ressource, est un surcroît d'amertumes. Les momens où ils ne peuvent éviter les réflexions, en deviennent d'autant plus accablans.

C'est-là en effet, reprit Rouvrais, la triste experience que font les débauchez. Mon neveu (qui est celui que vous venez de voir) n'a pas fait difficulté de m'avoüer qu'il ne se passe gueres de jours où il ne se trouve précisément dans le cas que vous venez de dire, & avec tout cela il ne peut se résoudre à se faire un autre plan de vie, ni se déterminer à rompre avec ces societez bachiques. Le sort de ce jeune homme fait bien voir de quelle importance il est pour les jeunes gens d'être en garde contre les mauvais exemples, & de s'attacher aux bons; c'est de quoi dépend souvent le bonheur ou le malheur de la vie. Mon neveu a perdu sa fortune pour s'être précipité à son entrée dans le monde dans les mauvaises compagnies: le chagrin qu'il conçut d'avoir par sa faute manqué un établissement assez brillant, fut bien-tôt augmenté par une mauvaise affaire qu'il s'est faite dans la chaleur du vin. L'accablement de la douleur où il se voit actuellement plongé, lui sert de prétexte pour continuer son train de débauches, s'imaginant follement ne pouvoir se consoler que par-là. J'ai le déplaisir de le voir opiniâtrement livré à cette chimérique idée, & par-là sur le point de dissiper le peu de bien qui lui reste dans la recherche des plaisirs variez & tumultueux.

Les plaisirs tumultueux, de quelque nature qu'ils puissent être, dit Marcel, sont des soulagemens bien imparfaits. Il s'éleve d'ordinaire du fond des délices qu'on se figure dans les dissipations quelque chose d'amer qui corrompt la joye ; & (comme dit un celebre Auteur) l'on trouve souvent à côté d'nn grand plaisir un chagrin pour le troubler, ou u dépit pour le finir : il arrive même quelquefois que les plaisirs semblent fuïr ceux qui les cherchent avec trop d'ardeur ; mais ce qu'on éprouve fréquemment, c'est qu'une pleine & perpetuelle joüissance émousse le goût & engendre la satieté ; ce qui est l'extinction des plaisirs.

Cela fait bien voir, ajouta Lescure, qu'il faudroit mettre de l'intervale entre ses divertissemens pour se les rendre sensibles.

Il seroit au moins de la prudence, reprit Rouvrais, de se contenter de ceux qu'on trouve dans le cours ordinaire. Par cette extinction des desirs violens & des poursuites empressées, on pourroit se maintenir dans un état paisible & tranquille ; car après tout ce n'est pas l'abondance des plaisirs qui rend heureux, mais la joüissance paisible & sans remords de ceux qui se présentent tout naturellement. Les plaisirs que le Christianisme nous laisse sont si doux, & ont quelque chose de si attrayant, qu'on sent bien que la Religion nous rendroit heureux dans tous les sens, si nous nous arrêtions à la suivre exactement.

On seroit toujours dans l'ordre, dit Marcel, si l'on se conduisoit toujours par la raison; elle est le plus solide assaisonnement des plaisirs, & sert à les faire goûter plus finement. Pour ce qui est des débauches ou des excès, il semble qu'ils devroient être rejettés, non-seulement à cause de leurs funestes suites, mais encore parce qu'ils corrompent les plaisirs, & les rendent même insipides. Dans le fond il est difficile de décider si les débauchez de profession sont ou plus impies, ou plus foux: la perte de sa fortune & de sa réputation, le désespoir, l'accablement & l'abrutissement sont les fruits ordinaires des excès, & la plus legere réfléxion devroit ſuffire pour ne pas s'expoſer de gayeté de cœur à de tels malheurs.

Ceux qui ſont livrez à ce train de vie, répliqua Leſcure, ne ſe donnent pas même le loiſir de pouvoir la faire, cette legere réfléxion. Continuellement obſedez par leurs ſemblables, & occupez à chercher les plaiſirs, ou à en imaginer de nouveaux, ils ſe trouvent dans le malheureux cas de n'avoir jamais aſſez de liberté d'eſprit pour ſonger à l'avenir, pour regler le préſent, ni pour peſer les conſequences. On ne ſe perd que par défaut de réfléxion, & l'on eſt peu capable d'en faire de ſolides au milieu du torrent de la diſſipation. En un mot, il n'eſt gueres poſſible de pouvoir entendre la voix de la ſageſſe parmi les bruyantes clameurs de la débauche. Pour peu qu'on fût en état d'enviſager les choſes dans leur vrai jour, l'on auroit de l'horreur pour ces prétendus charmes, qui sont tout ensemble si contraires à notre félicité, & dans ce monde, & dans l'autre.

Il seroit assurément de la saine politique, ajouta Marcel, de commencer à faire par vertu ce que l'on fait souvent par dégoût, ne trouvant rien dans tout cela qui puisse remplir le vuide du cœur. Après tout l'on a beau faire, il n'y a en verité point de plaisir plus sensible, ni plus délicat pour un bon cœur, que celui d'avoir de la vertu, tant parce qu'elle attire infailliblement l'estime publique, que par les justes esperances qu'elle donne pour un heureux avenir. C'est particulierement dans la consideration de ces douces esperances qu'on trouve le vrai soulagement à toutes ses peines; elle est la source des consolations solides. L'illustre Prelat que nous citons si souvent, nous apprend que la joye qu'on goûte dans la societé de quelques amis vertueux & raisonnables, est bien differente de cette joye tumultueuse & folâtre, dont les sens sont empoisonnez dans la societé des vicieux. L'une, dit-il, est une joye d'yvresse & de trouble, toujours entrecoupée de passions furieuses & de cuisans remords; l'autre une joye de raison qui a quelque chose de celeste, & qui est toujours pure & égale. Rien ne peut l'épuiser, cette joye; plus l'on s'y livre, & plus on la trouve aimable & interessante: elle ravit l'ame sans la troubler.

Ceux-là sont heureux, dit Lescure, qui sentent combien tout ce qui est oposé aux regles éternelles de la raison & du bon sens, doit être banni de la conduite d'un homme bien né. Heureux en effet ceux à qui la vertu se montre dans toute sa beauté: libres des passions

& des interêts qui dominent les autres hommes, ils ont une pleine sagacité dans leurs tranquilles observations ; méprisant les plaisirs violens & dangereux, ils ne connoissent que les plaisirs purs & tranquilles d'une vie innocente. Comme ils sçavent se divertir en s'instruisant, ils ne craignent point de se trouver seuls : en quelqu'endroit qu'ils soient, ils ont toujours avec eux de quoi s'entretenir & s'amuser utilement. L'ennuy qui dévore la plûpart des fainéans au milieu même de leurs plaisirs tumultueux, est absolument inconnu à ceux qui sçavent se faire une varieté d'innocentes occupations.

Je crois, répondit Hamilton, qu'il y auroit beaucoup moins de libertinage parmi les jeunes gens, si une fois ils pouvoient goûter les douceurs que fournit la varieté des bonnes lectures, & l'application à ce qui peut servir à éclaircir & po ſir l'eſprit : ils ſentiroient bien-tôt combien il eſt utile dans tous les ſens de s'exercer en même tems à écrire ; je m'imagine qu'alors la ſolitude n'auroit rien qui pût leur faire peur.

La ſolitude la plus profonde, répliqua Leſcure, n'a rien d'ennuyeux pour une perſonne qui ſçait lire & écrire avec goût : d'ailleurs rien ne convient tant à un jeune homme que de chercher à ſe former un bon ſtile. L'on ſe trouve ſouvent dans la neceſſité d'écrire des lettres, & d'ordinaire la premiere attention de ceux à qui on écrit tombe ſur le ſtile, & il arrive quelquefois qu'ils forment ſur cela ſeul un jugement avantageux ou déſavantageux. Indépendamment de tout cela, c'eſt toujours une occupation très-douce que de s'entretenir ſoi-même en écrivant ſes penſées : mais pour pouvoir s'amuſer agréablement & utilement, & ſe trouver bien en quelque situation qu'on soit, il ne suffit pas d'avoir de l'esprit & de l'experience, il faut avec cela avoir du goût & des sentimens; ce qui n'est pas aussi commun qu'on pourroit se l'imaginer. L'on trouve à chaque pas des hommes qui ont de l'esprit & un grand usage du monde; mais l'on n'en rencontre pas si communément, qui sçachent penser, qui sçachent réfléchir, & qui sçachent agir en tout avec sentimens; & c'est ce qui fait qu'on en voit si peu qui soient propres pour l'amitié, ou capables d'en remplir les devoirs.

Comme on n'en trouve pas infiniment, dit Gordon, en qui les qualitez du cœur se trouvent jointes à celles de l'esprit, il n'est pas étonnant que les liaisons d'une douce sympathie soient si rares.

Vous entamez-là une autre question, reprit Lescure; cette sympathie dont vous parlez naît d'où dinaire d'une certaine conformité d'humeur, de sentimens & de façons de penser ; elle suppose souvent de la délicatesse & du goût ; elle serre plus étroitement les nœuds d'une tendre union entre deux cœurs, qui semblent être faits l'un pour l'autre ; mais elle ne suppose nullement la necessité de la réünion des qualitez du cœur & de l'esprit.

Vous ne sçauriez du moins disconvenir, répliqua Gordon, que toutes les aimables douceurs de l'amitié ne peuvent être bien connuës que de ceux qui ont en partage les qualitez du cœur. Quant à celles de l'esprit, je n'aurai nulle peine à convenir avec vous, qu'elles ne servent souvent qu'à mettre les autres dans leur plus beau jour, c'est-à-dire à répandre certains agrémens dans l'union des amis, & il faut qu'en cela même elles soient accompagnées de la bonne éducation, qui renferme nécessairement la douceur, la politesse & la condescendance.

Nous voilà d'accord, répartit Lescure, & là-dessus j'ai résolu de faire ma cour à notre ami Marcel, en parlant encore ici de son heroïne Madame de Sevigné. Je ne crois pas que personne puisse se servir mieux qu'elle des qualitez de l'esprit pour réhausser tout le prix de celles du cœur. Il paroît par ses écrits que les unes & les autres lui étoient également naturelles.

Quelques plaisanteries que vous puissiez me faire, dit Marcel, je vous avoüerai ingénument que je ferois un long voyage pour voir une personne qui pensât & s'exprimât comme faisoit cette Dame, particulierement sur ce qui a rapport à l'amitié & aux sentimens.

Il est vrai, ajouta Hamilton, qu'elle en parloit d'une maniere charmante : il paroît même qu'elle sentoit mieux ce qu'elle disoit que son cher cousin Bussy, & qu'elle l'emporte encore de beaucoup sur lui pour le stile simple, naturel, noble & délicat : outre la délicatesse dans ses pensées & dans ses expressions, il y regne je ne sçai quoi d'aisé, de naïf & d'ingenu, qui fait trouver de l'agrément jusques dans ses négligences les plus marquées. Je sçai, dit-elle agréablement, parlant de l'amitié, tant de choses sur cet article, que ceux que je vois ordinairement ne connoissent pas, que je les surprendrois, si je m'expliquois sur la maniere dont je suis capable d'aimer mes amis. Mais le croiriez-vous, mon cousin ? Je ne rencontre que des profanes à qui je ne daigne pas en parler ; toujours forcée de renfermer dans mon cœur une partie des sentimens que j'ai pour mes amis, par la honte & le dépit que j'ai de voir les miens si tendres, quand les leurs le sont si peu. Cependant l'amitié est ce qui me touche le plus; elle seule est capable de me donner du chagrin ou du plaisir.

Elle ajoute plaisamment dans un autre endroit, continua Hamilton.... Il est vrai, mon cousin, que je ne suis pas coquette, mais il ne l'est pas que j'aimasse mieux un Benefice qu'un cœur; car il en est de si bons, que je les préfererois à l'Abbaye de Saint Denis. Le nombre à la verité n'en est pas bien grand; & comme l'on ne sçait où trouver un cœur, qui soit disposé à faire de l'amitié son affaire la plus importante, il faut s'accoutumer à ne vivre qu'en societé.

Je m'attendois, dit Lescure, à voir Marcel vous embrasser en vous entendant parler ainsi de son Heroïne.

Vous êtes du moins persuadé, répondit Marcel, que je lui en tien tiens grand compte. Mais parlons sérieusement : n'est-ce pas une chose pénible que de se voir réduit à tenir ses pensées & ses mouvemens de tendresse renfermez en soi-même ? De l'autre côté, quoi de plus doux & de plus satisfaisant que de trouver avec qui pouvoir s'épancher pleinement, & s'ouvrir sans nulle réserve ; c'est-à-dire de ces personnes avec qui l'on trouve son compte, & du côté du secret, & du côté de l'esprit, & du côté du cœur ; mais sur-tout de ces personnes en qui l'aimable candeur & la franchise se trouvent jointes à la délicatesse dans le goût & dans les sentimens ?

Rien ne doit paroître plus aimable, répliqua Lescure, & c'est-là, pour ainsi dire, l'ame d'une tendre union : mais je ne sçai si pour la solide satisfaction il ne vaudroit pas mieux n'avoir aucune délicatesse, que d'en avoir infiniment.

J'avoüe que mon doute a de quoi revolter ceux qui ſe ſentent capables des differens mouvemens de délicateſſe, & dont le cœur eſt ſuſceptible d'impreſſions vives & touchantes ; mais ces mêmes diſpoſitions doivent, ſur leur propre expérience, leur faire avoüer qu'une extrême délicateſſe eſt accompagnée de bien des inconveniens, & que ſouvent elle fait paſſer d'aſſez mauvais quarts-d'heure ; & c'eſt-là préciſément ce qui me fait douter ſi pour le bonheur de la vie, qui ſuppoſe néceſſairement le calme intérieur, il ne vaut pas mieux être denüé de toutes les délicateſſes du cœur, que de les avoir toutes dans toute leur étenduë.

Si vous faites conſiſter ce bonheur, interrompit Marcel, à couler ſes jours dans une inſipide indifference, ſans que le cœur ſe mêle de rien, je penſe que vous ne devez pas vous flatter que votre systême puisse faire fortune, ni qu'il fasse jamais la moindre impression sur ceux qui sont accoutumez aux douceurs d'une veritable union. Les délices d'une amitié bien tendre ne subsistent que par ces aimables délicatesses que vous voulez proscrire ; & à vous entendre parler, on croiroit que vous ne le sçavez pas, & que vous ignorez quel est le prix de ces tendres jalousies qui font les plus agréables assaisonnemens de l'amitié, comme de ce qu'on nomme amour. Les désirs empressez, les douces impatiences, les pensées flatteuses, enfin mille petits riens qui interessent le cœur, tout cela disparoît dès qu'il ne s'agit plus de délicatesse : l'ennuy, l'indifference, le dégoût, voilà alors ce qui succede necessairement.

Je vous accorde, reprit Lesture, toutes ces choses riantes,

gracieuses & interessantes. Je fais plus, je conviens avec vous que là où il n'y a point de délicatesse, il ne sçauroit y avoir de sentimens vifs & tendres. Ce n'est pas tout : je crois encore avec vous que la mesure de la délicatesse en aimant, fait celle du plaisir qu'on goûte dans l'amitié ; j'ajoute encore qu'on ne peut connoître ce qu'il y a de gracieux & d'interessant dans le je ne sçai quoi qu'à proportion des délicatesses dans le cœur. Nous voilà, poursuivit-il, d'accord sur tous ces articles, & avec tout cela mon doute subsiste toujours ; mais comme il se peut que vous n'ayez pas encore bien pris ma pensée, je vais tâcher de déveloper un peu plus le fond de la question, & les motifs de ce doute qui vous choque. Il s'agit tout simplement de décider si pour un contentement solide & durable, il ne vaut pas mieux n'avoir point du tout de délicatesse, que de les avoir toutes au suprême degré, & s'il n'est pas plus expedient de se priver de tous ces plaisirs sensibles, que de s'exposer aux inconveniens qu'entraînent les délicatesses trop étenduës toujours suivies de quelque amertume.

Cette nouvelle explication, répartit Marcel, m'éloigne encore davantage de votre opinion. Au reste, ajouta-t-il, il me semble que vous pouviez rendre votre proposition un peu moins choquante, en supposant les délicatesses en question seulement d'un côté.

Ne voyez vous pas, interrompit Rouvrais, que cette idée de Lescure n'est que pur badinage? Il est vrai toutefois qu'il a fait certaines experiences qui l'ont un peu mis de mauvaise humeur sur cet article.

Vous êtes un indiscret, dit Lescure en riant ; il falloit nous laisser débattre encore quelque tems cette question ; peut-être en serions-nous venus à comparer la maniere d'aimer du bon vieux tems avec celle de notre siécle, où (comme dit Madame de Sevigné) l'on ne trouve en son chemin que des prophanes avec lesquels on est réduit à renfermer en soi les sentimens dont on se sent capable, & à vivre tout uniment en simple societé, laissant le cœur dans l'oisiveté. Notre cher Marcel, continua-t-il, auroit à l'heure qu'il est de la peine à croire que j'ai poussé les petites délicatesses jusqu'à être blessé de ce que mon ami ne paroissoit pas dans ses parties de plaisir s'appercevoir de mon absence.

Il n'y a en cela rien qui doive me paroître incroyable, répondit Marcel : dès qu'il s'agit d'une vive tendresse & d'une union bien intime, il ne se peut gueres qu'on ne soit choqué de ce défaut d'attention. Peut-on dans le fond regarder comme un ami bien tendre, celui qui paroît se plaire autant avec le premier venu qu'avec son ami de cœur ?

Je vous avouë, dit Hamilton, que ce m'est un plaisir charmant de m'appercevoir que nous avons les mêmes façons de penser sur ce chapitre. Quels peuvent être en effet les sentimens d'un homme à qui toute compagnie est également bonne ? On remarque que c'est-là le caractere distinctif du bavard ; pourvû qu'il parle, il lui est indifferent avec qui ; dès qu'il trouve à brailler, le voilà content. Les hommes de cette trempe ne sont point faits pour les délices des doux épanchemens, ils n'en ont point d'idée : les gracieux privileges de l'amitié leur sont absolument interdits. L'on voit quelquefois les plus honnêtes gens s'ennuyer ensemble au bout d'un certain tems, & cela parce que les conversations deviennent necessairement languissantes quand le cœur n'est pas de la partie. Il n'appartient qu'à de veritables amis de pouvoir être éternellement ensemble sans sentir ni ennuy ni desir de varieté: lorsque c'est le cœur qui fournit, il conduit l'esprit de maniere qu'on se dit toujours des choses qui ont tous les charmes de la nouveauté; & c'est particulierement ici où l'on reconnoît quelle est la difference d'un entretien de sentimens à un entretien de nouvelles ou d'affaires. J'ai remarqué, continua-t'il, que mon ami Bicker-Staff pense sur cet article d'une maniere charmante. En parlant des plaisirs solides & interessans; jamais, dit-il, l'esprit ne se délasse si agréablement que dans les entretiens qu'on a avec

ses

ses fideles amis. Non : nul bonheur dans la vie n'approche de la joüissance d'un ami vertueux & discret ; en tout tems sa conversation éclaire & soulage l'esprit, fait naître de nouvelles pensées, anime à la vertu, excite à former de genereux desseins, calme les passions, & met à profit les momens de la vie, où l'on paroît se trouver le plus désœuvré. L'on ne sçauroit encore trop rechercher la compagnie de cette sorte d'amis, qui peuvent nous instruire & nous entretenir de toutes choses agréablement ; qualitez qui vont presque toujours ensemble.

L'illustre Archevêque que nous citons si volontiers, reprit Marcel, n'étoit pas moins admirable en ceci qu'en tout le reste : il connoissoit parfaitement toutes les délicieuses amabilitez de l'amitié. Après la plus courte séparation, disoit-il, on a mille choses à dire à son ami, & mille à lui demander; & s'il arrive que ce détail de conversation cesse pour quelques momens, le plaisir du commerce ne cesse jamais. On se dit tout sans se parler; on est charmé d'être ensemble, de se voir, de sentir qu'on est l'un auprès de l'autre; on prend plaisir à se reposer dans le goût d'une douce & pure amitié, & ce goût ne s'use point : on se tait, & dans ce silence même l'on s'entend. Comme les deux cœurs n'en font qu'un, l'on est d'accord en tout, & l'on ne se dit rien que par sentiment; car l'un se verse sans cesse dans l'autre.

C'est être bien favorisé du hazard, interrompit Rouvrais, que de rencontrer dans nos jours des amis de cette trempe. Une pareille découverte est une bonne fortune dont on ne connoît plus gueres le prix; & il me semble, continua-t'il en riant, que vous deviez, mes chers enfans, naître quelques siecles plûtôt, pour n'être pas exposez à vous voir les dupes de toutes vos belles idées. Vous voyez combien ces systêmes d'amitié ont aujourd'hui du ridicule. En un mot, ce n'est plus la mode d'avoir le cœur bon, tendre & franc : une sensibilité apparente & une indifference réelle, voilà le veritable systême du tems. Nos peres étoient de bonnes gens, dont la simplicité alloit jusqu'à faire de l'amitié l'affaire la plus importante de la vie ; ils se conduisoient d'ordinaire par sentimens & par principes, & dans nos tems ce sont-là des inutilitez proscrites ; il n'est plus question de se piquer de generosité ou de fidelité pour un ami malheureux. Pareilles sujetions nous paroissent trop onereuses ; on ne les regarde plus que comme des vertus de Romans, & il y a du tems qu'on a perdu le goût des grands Romans.

Nous abandonnons toutes les vieil-li les modes à nos voisins.

Malgré tout ce qu'il y a de vrai dans votre plaisanterie, répondit Lescure, il y a encore aujourd'hui d'aussi bons cœurs qu'il y en avoit autrefois. L'on en voit qui sont d'un prix inestimable, & sur lesquels la contagion du siecle n'a point de prise : il est vrai qu'ils sont assez rares, & que malheureusement la découverte n'en est pas aisée à faire.

Le vrai merite, comme dit M. de Fenelon, a toujours quelque chose de modeste & de timide ; il est en cela bien different du faux, qui se produit toujours avec empressement & avec assurance. Je me rappelle à cette occasion, dit Marcel, l'avis que donnoit ce Grand-homme à un Prince, dont la memoire sera toujours en veneration. C'est un avis qui renferme une instruction importante pour tous les jeunes Seigneurs. Etudiez bien les hommes, lui disoit-il, apprenez à vous en servir, sans vous livrer indifferemment à eux, allez chercher le vrai merite au bout du monde; d'ordinaire il demeure modeste & reculé; la vertu ne perce point la foule, elle n'a ni avidité ni empressement; elle se laisse oublier. Ne vous laissez jamais obseder par les flatteurs; faites sentir que vous n'aimez ni les loüanges ni les bassesses; ne montrez de la confiance qu'à ceux qui ont le courage de vous contredire dans le besoin, & qui aiment mieux votre reputation que votre faveur.

Enfant de Saint Loüis, imitez votre pere; soyez, comme lui, doux, humain, accessible, affable, compatissant & liberal; que votre grandeur ne vous empêche jamais de descendre avec bonté jusqu'aux petits pour vous mettre à leur place, & que cette bonté n'affoiblisse jamais ni votre autorité ni leur respect : écoutez tout ce qui paroît meriter quelque attention ; faites voir que vous pensez & que vous sentez tout ce que vous devez penser & sentir ; faites en sorte que les bons vous aiment, que les méchans vous craignent, & que tous vous estiment ; conservez en vous ces grandes qualitez de l'ame, qui font le caractere distinctif de l'honnête homme, du grand-homme & du heros ; ayez en horreur tout artifice ; que la contagion du monde n'altere point en vous le goût antique d'honneur & de vertu ; que jamais les miserables principes des mauvaises finesses ne trouvent d'entrée dans votre cœur. Les duplicitez sont inconnuës aux Grands-hommes, ils en méprisent la bassesse.

La force & la sagesse de Saint Loüis vous seront données si vous les demandez en reconnoissant humblement votre foiblesse & vo tre impuissance. Il s'est sanctifié en grand Roy ; il étoit intrepide à la guerre, décisif dans les conseils, superieur aux autres hommes par la noblesse de ses sentimens, sans hauteur, sans présomption, sans dureté : il suivoit en tout les veritables interêts de ses sujets, dont il étoit autant le pere que le Roy. Il vouloit tout voir de ses propres yeux dans les affaires principales ; il étoit appliqué, prévoyant, moderé, droit & ferme ; il aimoit avec tendresse & confiance tous ceux qu'il devoit aimer. Jamais Prince ne fut plus sage pour policer les peuples, & pour les rendre tout ensemble bons & heureux. Longtems après sa mort on se souvenoit encore avec attendrissement de son regne, comme de celui qui devoit servir de modéle aux autres pour tous les siecles à venir. Soyez l'heritier de ses vertus avant que de l'être de sa Couronne. Souvenez-vous que son sang coule dans vos veines, & que l'esprit de foi qui l'a sanctifié, doit être la vie de votre cœur. Voilà comme parloit ce digne Mentor à son tres-digne Eleve; mais il y a dans tout cela bien des choses qu'on peut s'appliquer dans tous les états.

Voilà, dit Rouvrais, des paroles qui meriteroient d'être gravées dans le marbre & le bronze; on y trouve tout ce qui peut faire le Grand-homme dans tous les sens. Heureux le jeune Seigneur, dont le cœur & l'esprit sont disposés de maniere à faire de pareilles instructions l'objet de son étude & de son application la plus serieuse. J'oserois bien lui predire son sort pour l'avenir. Au reste, continua-t-il, l'on conçoit aisément par tout ce que la renommée publie des vertus éminentes de ce grand Prelat, que l'illustre Auteur qui a écrit sa vie, n'a pu être soupçonné d'exageration dans le portrait qu'il en fait.

Quelque celebre que soit l'Auteur dont vous parlez, réprit Marcel, l'on trouvera toujours que la veneration profonde qu'on avoit dans tout le monde Chrétien pour M. de Cambray, est un éloge au dessus du sien. Il est vrai qu'il ne falloit pas moins que cet habile Eleve d'un si grand Maître, pour pouvoir peindre dignement une si belle vie. Il semble qu'il ne manquoit plus à sa gloire que de donner encore au public l'Histoire du plus Grand-homme de son siécle dans un autre genre. Cette Histoire vient de paroître, & les Connoisseurs la trouvent à tous égards une Histoire digne du Heros. Il a été reservé à une si belle plume de nous faire connoître le grand Turenne tel qu'il étoit.

Je m'attendois, dit Gordon, que notre ami Hamilton nous regaleroit encore à cette occasion de quelques traits de son la Bruyere.

Il ne faut pas que vous soyez trompé dans votre attente, répondit agréablement Hamilton : en voici deux qui me paroissent pouvoir avoir ici leur application. La vie des Heros a enrichi l'Histoire, & l'Histoire a embelli les actions des Heros. Il s'agit de decider qui sont plus redevables, ou ceux qui ont écrit l'Histoire à ceux qui en ont fourni une si noble matiere, ou ces Grands-hommes à leurs Historiens.

Quant à ce qu'on dit du stile delicat, noble & nerveux de M. le Chevalier de Ramsay, & de la maniere naturelle & vive avec laquelle il peint son Heros, ecoutez, continua Hamilton, ce que dit encore là-dessus mon ami la Bruyere. Tout l'esprit d'un excellent Auteur consiste à bien définir & à bien peindre.

Moyſe, Homere, Platon, Virgile, Horace ne ſont ſi fort au-deſſus des autres Ecrivains, que par leurs expreſſions & par leurs images. Il faut exprimer le vrai pour écrire naturellement, fortement, delicatement.

Je remarque, dit Rouvrais, que vos entretiens ſont quelquefois mêlés de ſaillies enjoüées : c'eſt fort bien fait à vous d'être des Philoſophes de belle humeur. Ces petites attaques que vous vous livrés tour à tour, ont toujours leur agrément entre des amis tels que vous; & je les trouve d'autant plus aimables, qu'elles ont donné lieu à des traits qui m'ont fait un ſingulier plaiſir.

Rouvrais ayant à cet endroit apperçu Madame ſa ſœur, qui ſe promenoit avec d'autres Dames, & qui lui faiſoit ſigne de l'aller trouver, il quitta ſes amis ; mais peu de momens après il revint à eux pour leur dire que sa sœur vouloit lui avoir l'obligation de les engager ce même soir à souper chez elle. Il ne faut pas que vous vous avisiez de me refuser, ajouta-t-il ; toute bonne béate qu'elle est, vous la trouverez de bonne humeur, & en compagnie égalemenr joyeuse & raisonnable.

Lescure, Hamilton & Gordon accepterent la proposition ; mais Marcel s'excusa sur ce qu'il se trouvoit engagé ailleurs. Ils allerent là-dessus saluer les Dames, & après quelques tours d'allée ils sortirent tous ensemble des Thuilleries.

ENTRETIEN VI.

LESCURE, Gordon, Hamilton & Marcel se rendirent au premier beau jour à leur promenade ordinaire. Après les témoignages d'amitié, Lescure commença par faire la guerre à Marcel, de ce qu'il n'avoit pas voulu être du souper avec Rouvrais. Comme il lui rendoit compte de la maniere agréable qu'ils avoient passé cette soirée, ils furent joints par une troupe de Petits-Maîtres, mais qui ayant plus d'une affaire en tête, ne s'arrêterent que peu de momens avec eux; ils y resterent néanmoins assez pour fournir matiere à la conversation des quatre amis. Elle roula d'abord sur l'extrême malheur d'être ridicule sans penser un moment qu'on le soit.

On l'est toujours infailliblement, dit Gordon, quand on veut paroître aimable, & qu'on se croit tel soi-même. Je me trouvai il y a quelques jours dans une assemblée assez nombreuse, où il y avoit des Petits-Maîtres de cette espece qui firent tous les frais de la conversation ; mais quand ils sortirent, on parla sur leur sujet d'une maniere qui les eut bien mortifié, s'ils avoient pû l'entendre.

Comme je m'entretenois dans une embrasure avec M. le Comte de R... il fit signe à son fils de le venir trouver. Vous voyez, mon enfant, lui dit-il, ce que produit la bonne opinion de soi-même, & quel est le sort de ceux qui d'un air de confiance hazardent toutes sortes de propos. Souvenez-vous que c'est un rôle onereux que celui du plaisant, & qu'il n'est pas ordinaire que celui qui fait rire, se fasse estimer. Ces Messieurs sont sortis fort contens d'eux-mêmes; ils ne s'aviseront jamais de penser qu'en voulant faire les agréables, ils ont laissé d'eux une impression bien differente de celle qu'ils avoient en vûë. Vous entendez de quelle maniere on les dépeint, & là-dessus vous pouvez juger qu'il n'y a personne qui voulût se confier à de telles gens.

Retenez bien ceci, mon fils, qu'il y a peu de difference entre le hardi parleur & le fat, & qu'il y en a encore moins entre le fat & l'impertinent: on leur voit toujours à l'un & à l'autre un air libre, assuré & effronté; ils sortiroient de leur caractere, s'ils pouvoient craindre de parler faux & à contre-tems. L'homme sage & prudent fait attention à ce qui lui manque, tandis que ceux-ci n'en font qu'à ce qu'ils s'imaginent avoir, & qu'ils ne pensent sur ce fondement qu'à vouloir obscurcir & éclipser les autres. Je vous ai fait remarquer il y a quelque tems, que la présomption est toujours en faveur de celui qui parle peu dans les cercles, qu'il a de l'esprit; & s'il se trouve qu'il en ait en effet, l'on conclut qu'il doit l'avoir excellent. C'est connoître bien ses interêts, que d'être dans ces sortes d'occasions aussi bon ménager de ses paroles que de son argent. Accoutumez-vous à parler dans toutes les rencontres d'un esprit rassis, & à vous garder des froides railleries & des saillies déplacées. L'on se sent naturellement disposé à estimer ceux qui sçavent écouter, & qui ne semblent parler que pour soutenir la conversation; car cette attention dénote la modestie & la politesse.

On a beau vouloir briller dans les conversations par d'heureuses saillies, ou par des traits vifs & piquans, jamais l'on ne se fait aimer:

tandis

tandis qu'on est regardé sur le pied de parleur indiscret. N'allez pas vous imaginer qu'il suffise d'avoir le don de s'énoncer agréablement, de sçavoir bien orner un récit, d'être fécond en bons mots & en réparties vives, pour qu'on soit regardé comme un homme d'esprit. L'on peut avoir en partage tout ce que je viens de dire là, & ne passer néanmoins que pour un très-superficiel fat : l'essentiel est le bon sens, la droite raison, le jugement, la pénétration, le discernement, la maniere de se conduire avec les differens caracteres. Voilà les qualitez distinctives de l'homme d'esprit & de l'homme raisonnable; sans ce concours il ne s'agit point de bel-esprit. Le brillant dans le langage n'impose qu'à ceux qui prennent l'ombre pour le corps. Encore une fois, ne mettez jamais votre confiance en ceux qui cherchent à se distinguer par le talent de faire rire : il n'est point en eux de pouvoir se faire estimer ni aimer. C'est donner dans le mécompte que d'en attendre quelque procedé net ou raisonnable ; nul fond à faire sur leur amitié : l'on n'en voit point de cette trempe qui sçachent remplir les devoirs d'amis.

N'ayez rien de commun avec ceux qui font les Petits-Maîtres ; les hommes de cette espece s'aiment trop eux-mêmes pour pouvoir aimer qui que ce soit. En un mot, mon fils, vous devez éviter avec soin toute societé avec ces esprits vains, legers, déliberez, qui se familiarisent d'abord avec le premier venu ; il ne faut pas croire qu'ils puissent agir en rien, ni par sentimens, ni par aucun solide principe : il s'agit de les regarder comme des bavards de profession. J'insiste toujours à vous recommander le mépris & l'aversion des basses flatteries. Vous pouvez, ſans choquer les flatteurs, leur faire ſentir que vous êtes au-deſſus des vaines & fauſſes loüanges. Prenez garde toutefois de ne point confondre les caracteres. Il eſt vrai qu'il y a un nombre infini d'impoſteurs, c'eſt-à-dire, d'adulateurs mercenaires & rampans, qui n'agiſſent que machinalement, ou par des vûës d'interêt : on les démêle aiſément par leur empreſſement deplacé, qui eſt un des caracteres diſtinctifs du faux.

Il y a auſſi des hommes d'un caractere droit & gracieux qui relevent modeſtement & à propos les bonnes qualitez de ceux qui leur ſont chers, dans la ſeule vûë de les piquer d'émulation, ou de les affermir de plus en plus dans les principes de vertu. Ils uſent quelquefois ainſi d'une loüable adreſſe pour nous porter à acquerir ce qu'ils ſouhaiteroient de voir encore de bon en nous. De-là les portraits, les peintures, les comparaisons, par où ils nous indiquent ingénieusement le vrai bon & le vrai beau. Il s'agit donc de regarder les loüanges de ceux-ci comme autant de leçons, soit sur ce que nous sommes réellement, ou sur ce que nous devrions être : ces marques d'amitié doivent être reçûës avec reconnoissance & avec dessein d'en faire son profit.

Je vous avoüe, reprit Gordon, que j'écoutois ces instructions avec un vrai plaisir : il paroît au reste, par la conduite de ce fils, qu'elles ont fait en lui leur effet : j'ai même souvent eu occasion de remarquer qu'il prend peu de part aux discours vains, froids & pueriles des mauvais plaisans à qui il manque toujours la délicatesse & la circonspection necessaires pour pouvoir badiner avec quelque grace. Je pense que si les Grands qu'on voit quelquefois insulter aux malheureux par de froides plaisanteries, pouvoient comprendre le tort qu'ils se font en cela, ils songeroient à se respecter eux-mêmes : il est vrai qu'il faut pour cela sçavoir penser & sentir.

Dès qu'on sçait penser & sentir, dit Lescure, on trouve qu'une chaumiere dans la compagnie d'un bon païsan, qui a de la candeur & du bon sens, est préferable à un Palais dans la compagnie de certains hommes qu'on voit dans leurs superbes équipages écraser les passans. L'on a remarqué de tout tems que ceux qui ne cherchent à se distinguer que par le faste & la somptuosité, ne gagnent jamais à être vûs de près. Rien de tout cela, dit un de nos bons Auteurs, ne rend un homme, ni plus grand, ni plus estimable, parce que rien de tout cela ne fait partie de lui-même, mais est absolument hors de lui, & lui est absolument étranger : cependant voilà en quoi la plûpart des hommes font consister leur grandeur. Ils se regardent comme confondus & incorporez avec tout ce qui les environne, ameublemens, habillemens, équipages ; ils enflent & grossissent, par tout cet appareil, l'idée qu'ils se forment d'eux-mêmes ; par-là ils s'estiment fort grands, & se flattent de paroître tels aux yeux des autres : mais pour juger sainement de leur merite & de leur grandeur, il faut les examiner en eux-mêmes, & mettre pour quelques momens à l'écart leur train & leur suite. On reconnoît alors qu'ils ne paroissent grands & élevez, que parce qu'on les considéroit sur leur baze ; quand ils sont réduits à eux seuls, à leur propre fond, à leur juste mesure, ce vain fantôme disparoît : ils sont riches & parez au dehors, comme le sont les murailles de leurs appartemens ; au dedans ce n'est souvent que petitesse, que bassesse, que pauvreté, que vuide affreux de tout merite, & quelquefois même cet éclat extérieur cache les plus houteuses foiblesses, & les désordres les plus odieux.

Nous voyons chaque jour, répondit Gordon, la confirmation de ce que vous venez de dire là ; & il est vrai qu'ils sont d'autant plus à plaindre, qu'ils ne trouveront vrai-semblablement personne qui veüille se hazarder de leur dessiller les yeux en leur apprenant ce qu'on pense d'eux dans le public ; c'est-à-dire, à leur tenir un langage bien different de celui de leurs flatteurs, & en cela même leur état d'opulence & de grandeur leur devient une barriere bien funeste. Mais si ces éclats extérieurs ne sçauroient donner le merite qu'on n'a point, ils donnent au moins un certain air assuré qui fait qu'on paroît avoir de l'esprit.

Ceux qui ne s'arrêtent pas à l'exactitude dans leurs expressions, vont en cela plus loin que vous, répliqua Lescure : ils assurent que l'opulence donne de l'esprit ; mais ce qu'il y a de bien vrai, c'est qu'à ce défaut elle donne sûrement l'effronterie & la hardiesse à hazarder impunément les propos ; ce qui impose souvent à la plûpart des gens. Combien ne voit-on pas de riches briller dans les conversations, & dont les discours paroîtroient pitoyables, s'ils étoient dans la pauvreté ? La triste indigence donne une sorte de timidité, qui, en absorbant la confiance, empêche que l'homme d'esprit ne paroisse ce qu'il est. Le peu de cas qu'il remarque qu'on fait de lui, le déconcerte & le décourage ; les paroles lui sechent, pour ainsi dire, dans la bouche : il a beau dire

le

les choses les plus solides & les plus interessantes, l'on n'y fait aucune attention, tandis que le riche se fait écouter, quelques absurditez qu'il dise.

Mais d'où vient, dit Hamilton, qu'on voit si peu de veritables amitiés entre les Grands?

Nous parlions dernierement là-dessus, répondit Marcel : c'est qu'ils n'ont que le loisir de s'occuper d'eux-mêmes; ils ont d'ailleurs leurs prérogatives trop à cœur pour pouvoir connoître les douceurs de l'amitié : ce sont des choses qui semblent être incompatibles. D'un autre côté, les concurrences, l'envie, les jalousies sont de grands obstacles à l'amitié pour leurs égaux; & pour ce qui est de leurs inférieurs, ils ne doivent rien attendre d'eux, qu'autant qu'ils peuvent leur être de quelque utilité.

J'ai été pendant quelque tems,

reprit Lescure, en liaison intime avec un Grand qui paroissoit m'aimer beaucoup : tout le monde le croyoit de même ; car rien n'étoit plus flatteur que les démonstrations extérieures : confidences, conversations familieres, caresses, tout sembloit me prouver qu'il m'aimoit veritablement ; mais je ne fus pas long-tems à démêler que ce lui étoit là une chose impossible : il me fâchoit cependant de le voir dépourvû de sentimens, & incapable de solides réflexions. Il s'imaginoit au reste que j'avois tout lieu d'être content de lui ; car il ne me croyoit pas certaines délicatesses dont il étoit lui-même incapable. Comme je ne voyois aucun jour à pouvoir hazarder les mouvemens de mon zele pour le porter à se défaire de certaines choses qui lui faisoient grand tort dans le monde, je me tins dans la reserve, en attendant l'occasion de me sirer tout doucement. Mais je ne veux plus parler de l'amitié, ajouta-t'il en riant; je révolterois peut-être encore mon cher Marcel, si je m'avisois d'avancer que cette amitié vive, délicate & empressée, n'est, malgré tous ses charmes, qu'un amour propre subtilement déguisé; en un mot, une recherche continuelle de soi-même.

Il n'y a, répondit Marcel, dans cette proposition rien qui puisse me révolter. Nous voici tous disposez à convenir avec vous que c'est toujours soi-même qu'on cherche dans les plus tendres attachemens. Nous n'ignorons pas que c'est précisément ce continuel retour sur soi qui fait la mesure & la durée d'une tendre union.

Quoi, interrompit Lescure, vous n'êtes pas choqué de ce qui paroît en cela de grossier & d'interessé!

Je comprens, répliqua Marcel, que vous me donnez la commission d'éclaircir ici ce fait pour nous amuser par une petite diversion. Supposons donc un moment qu'un ami vous parlât de la maniere suivante. Tous ces empressemens que vous me voyez pour vous, n'ont d'autre motif que de vous faire plaisir, de vous amuser, de vous être de quelque utilité ; mon attachement n'a absolument rien d'interessé : je n'envisage pas de satisfaction pour moi dans l'amitié que je vous porte ; mon assiduité n'est point l'effet du plaisir que j'ai en votre compagnie, mon cœur n'y est pour rien ; la seule complaisance est précisément ce qui me fait agir ; en un mot, tous mes soins ne me procurent d'autre plaisir que celui de vous en faire. Un autre ami vous fait un aveu tout opposé : il vous déclare que s'il vous cherche avec tant de soins & d'application, s'il est continuellement occupé de vous, s'il s'empresse de vous voir, de vous entretenir, d'être auprès de vous, s'il préfere votre compagnie à toutes les autres, c'est parce qu'il y trouve un plaisir infiniment interessant, & que dans toutes ses démarches il se recherche positivement lui-même dans la sensible satisfaction qu'il goûte auprès de vous. Ne seroit-ce pas vous insulter que de vous demander auquel de ces deux amis vous donneriez la préference ?

Voilà, dit Hamilton, l'homme peint au naturel dans ses mouvemens & ses démarches ; & quoiqu'on ne s'arrête gueres à toutes ces délicates distinctions, il n'y a neanmoins que ce dernier ami qui soit capable d'une amitié vive & sincere. Personne ne peut ignorer que ce ne soit enfin là la vraye source des solides attachemens, & de toutes ces liaisons si intimes & si satisfaisantes.

Si nous envisageons les chose du côté de la Religion, repri Marcel, toutes ces délicatesses tous ces attachemens vifs & em pressez, en un mot, toutes ces ten dresses humaines poussées à un cer tain point, tout cela à la rigueu doit être proscrit, puisqu'on n'e à Dieu qu'à proportion qu'o se désoccupe des choses créées & qu'on se détache des créature & de soi-même. N'allez pas vous gendarmer à ces propos, conti nua-til en s'adressant à Hamilton prenez garde que je ne parle qu des excès & des effets illimite d'un amour propre inquiet qui s replie trop sur lui-même. Rien a reste de plus charmant que d'aim ses amis en Dieu & pour Dieu c'est ainsi qu'on goûte parfaite ment tout ce qu'il y a de plus d licieux dans l'amitié; car, comm nous disions dernierement, l plaisirs que le Christianisme no laisse sont si doux, & ont quelque chose de si attrayant, qu'on sent bien que la Religion nous rendroit heureux dans tous les sens, si nous nous arrêtions à la suivre exactement.

Nous voyons, par exemple, dans la personne de plusieurs grands Saints les plus admirables traits d'une amitié vive, sincere, ardente; mais la charité, & cette aimable simplicité dont nous avons tant parlé, en faisoient la baze & le fondement : leur douceur pleine de condescendance ne contribuoit pas peu à en serrer de plus en plus les aimables nœuds. Il est à remarquer que ces grandes ames ne dédaignoient pas dans ces occasions de se servir des expressions les plus tendres & les plus animées. Rien en effet de plus aimable ni de plus frapant que ce qu'on voit dans ce même goût du bon S. Bernard : la bonté de son cœur & cette noble candeur qui faisoient son caractere distinctif, paroissent d'une maniere charmante par les termes qu'il employe dans la vive douleur qu'il ressentit à la mort d'un ami qui lui tenoit lieu de tout : ce sont des traits qu'il est impossible de lire sans attendrissement. Les Gregoires, les Basiles, les Augustins, les Chrysostomes ne se sont pas montrez moins éloquens sur cette matiere. C'est par le veritable langage du cœur que ces Grands-hommes en sçavoient expliquer avec énergie les differens mouvemens. Que de douceurs, que de délices dans l'union des cœurs ainsi faits ! C'est à eux qu'il appartient d'exprimer dignement les effets merveilleux d'une amitié pure, sincere & genereuse. C'est une chose remarquable, que ni la retraite, ni l'austerité des mœurs ne diminuent en rien la solide politesse.

Comme cette solide politesse, répondit Lescure, est dans les Saints particulierement fondée sur la charité, bien loin que l'austerité ni la retraite l'alterent en rien, elle est toujours en eux exempte de ce mélange équivoque qui entretient la défiance parmi les gens du monde. Les Grands-hommes que vous venez de citer avoient en partage cette admirable politesse de charité dont nous parlions il y a quelque tems, & qui ne se dément jamais en rien. Quoi de comparable à leurs sentimens & à leur stile plein de délicatesse, de douceur & de majesté? Il faut l'avoüer, tout est noble & grand dans la vraye vertu, jusqu'à son langage, son maintien & son attention à se cacher.

J'ai toujours crû très-veritable, dit Gordon, ce que nous disions à l'occasion de Madame de Sevigné, qu'on peut démêler le caractere des personnes par leurs écrits, & sur-tout dans les lettres familieres ; où souvent l'on se dépeint sans y penser. Il est aisé de voir que c'étoit le cœur qui parloit dans les entretiens des saints hommes dont vous venez de parler, & que leur plume n'étoit conduite que par ses veritables mouvemens. L'on a grande raison de dire que les Saints sont bien aimables dans tous les sens : outre la douceur & la sûreté de leur commerce, l'on y trouve toujours infiniment à profiter. Ayant soupé avec M. le Comte de R.... le jour qu'il parla à son fils dans les termes que je vous ai rapportez, & la conversation étant tombée sur les avantages de la solide pieté, je l'entendis lui donner encore les instructions suivantes qui me firent impression.

Souvenez-vous, mon cher fils, lui dit-il, de vous faire une affai re capitale de rechercher les gens de bien : mettez-vous dans l'esprit que c'est là le commerce le plus utile & le plus solidement satisfaisant : l'estime que vous concevrez pour eux vous fera naître l'envie de les imiter, & c'est-là un moyen de se former un merite solide. Attachez-vous particulierement à ceux en qui vous découvrirez des sentimens élevez, un sens droit & un jugement solide : ne négligez rien pour les mettre dans vos interêts, & tâchez de profiter de leurs conseils : faites ensorte par votre conduite & par vos manieres qu'ils ayent lieu d'être contens de vous. Le jugement d'une seule personne d'un merite approuvé décide plus de notre réputation que celui de la multitude des sots. Soyez toujours ferme dans les principes de l'honneur & de la vertu ; par-là vous acquiererez l'estime & la confiance, qui sont toujours les fruits de la sagesse. N'oubliez jamais que ce sont les qualitez de l'ame qui font l'honnête homme & le Grand-homme : dès que vous vous serez une fois établi ce caractere, la honte de le changer vous servira de preservatif contre la contagion des mauvais exemples. Faites du bien autant que vous le pourrez : les bienfaits representent visiblement la beauté invisible de l'ame : que la rencontre de quelques ingrats ne vous rebute point ; que votre generosité soit cependant prudente & éclairée. La liberalité consiste bien moins à donner beaucoup qu'à donner de bonne grace & à propos. Ne vous laissez point vaincre en politesse, mais souvenez-vous que la veritable politesse consiste dans les sentimens de l'ame, bien plus que dans les honnêtetez extérieures, ou dans les manieres : il faut réünir tout cela. Qu'il ne vous arrive jamais de perdre de vûë ce que vous devez au domaine de Dieu ; vous sçavez tout ce que je vous ai dit du bonheur qu'il y a d'agir en tout en sa presence : le vrai moyen de réüssir en tout, & d'être toujours content, c'est de faire ensorte par sa conduite qu'on soit soutenu par celui qui ne peut jamais nous manquer.

En observant ce que je viens de vous dire, mon cher enfant, vous vous ferez aimer, & vous serez toujours content. Je vous confie dans le cours des voyages que vous allez faire à un homme prudent & sage, pour qui il faut qu'en toutes rencontres vous marquiez autant de déference que pour moi. Laissez-vous absolument conduire par lui, si vous voulez que je sois content de vous.

Les quatre amis furent joints à cet endroit de leur entretien par M. le Comte de.... qui se promena quelque tems avec eux.

Je ne conçois pas, dit Gordon, quand le Comte les eut quitté, pourquoi l'on décrie tant l'eſprit de ce Seigneur ; il me ſemble qu'il parle ſenſément de tout. Il eſt vrai, répondit Leſcure, qu'on le voit aſſez briller dans les converſations qui ne roulent que ſur les nouvelles ou les intrigues de la Cour & de la Ville ; il excelle encore dans le détail des affaires de famille : mais ôtez-le de là, vous le trouverez ſec & borné, comme le ſont toujours ceux qui n'ont point de reſſource en eux-mêmes, ſoit pour le goût, ſoit pour les ſentimens ou les réflexions. D'ordinaire ceux qui ne ſçavent que conter des hiſtoires, ou ſe rabattre ſur des choſes qui leur ſont étrangeres, ne ſont gueres bons à l'uſer : on connoît en peu de tems leur portée, comme ſi on les avoit frequenté toute la vie. Ils ont, vous voulez, de l'esprit, mais ils n'ont qu'une sorte d'esprit qui n'a rien de moëleux, & qui n'est de nulle ressource pour le cœur; de sorte qu'avec eux on devient sec & ennuyeux soi-même. C'est la mesure du jugement, de la pénétration, du discernement & du bon goût, qui rend l'homme fécond en remarques : c'est ce qui fait la source d'une conversation variée & toujours interessante.

Le Comte, ajouta Lescure, a un frere qui est d'un caractere très-different du sien. Il n'a pas cet air imposant, ni ce brillant qui frappe à une premiere vûë; mais il a l'esprit net, le sens droit, le discernement fin & juste : on lui trouve avec cela quelque chose de doux & de liant qui fait qu'on est à son aise avec lui, & qu'on ne le quitte qu'à regret : en un mot, il a un merite solide, mais c'est de ces merites qui ne se développent qu'à mesure. Dans les cercles il paroît très-reservé, mais dans le particulier on le trouve ouvert, prévenant d'un commerce aisé & agréable.

L'on ne manque pas de plaire dit Hamilton, quand au lieu de l'empressement à se saisir de tout une conversation, & à faire parade de ses talens, on ne les laisse entrevoir que successivement & comme par degrez : on peut dire que c'est là un excellent art, & qui releve infiniment la modestie. L'on ne peut qu'être charmé d'une personne en qui l'on découvre chaque jour quelque belle qualité qu'on n'avoit pas encore eu occasion de remarquer en elle. J'ai un parent qui me donne de la vanité par tout ce que j'entens dire de lui dans ce goût-là.

Il y a encore, reprit Lescure, une difference bien remarquable dans le caractere des deux freres dont nous parlons. On croit d'abord

abord voir le cœur du Comte tout à découvert : frappé par l'appas d'un langage gracieux & poli, on se figure une parfaite cordialité : mais l'on se trouve infailliblement dans le mécompte ; si l'on s'attend à autre chose de lui qu'à de belles paroles ; l'extérieur lui tient lieu de fond. L'autre, au contraire, paroît au premier coup d'œil froid et réservé ; mais l'on découvre bien-tôt en lui un caractere de franchise & de sincerité qui inspire la confiance : on le trouve en toute occasion de ces hommes essentiels sur lesquels on peut faire fond.

Je comprens à l'heure qu'il est, répliqua Gordon, combien j'étois éloigné d'avoir une juste idée de ces deux freres ; & me voilà plus convaincu que jamais que ce n'est point dans les conversations tumultueuses qu'on peut juger sainement des caracteres.

Ce n'est jamais dans les cercles,

répartit Lescure, qu'on se montre tel qu'on est. Ceux qui pour tout mérite n'ont que certains talens extérieurs, s'empressent à imposer par-là : ils sont attentifs à tout faire valoir, & à vouloir paroître ce qu'ils ne sont point. Le vrai merite tient une conduite toute opposée; il observe la décence des occasions, & ne connoît d'autre art que la simplicité, la réserve, le silence, la modestie. Il fait souvenir les connoisseurs, que la vertu solide a toujours quelque chose de timide dans le public; mais dans le particulier, dans un commerce de durée, dans un examen suivi, il gagne ce qu'y perd toujours le faux merite. Je ne suis point surpris, continua-t'il, que vous ayez pris le change sur ce qui regarde ces deux hommes, puisque pour les bien connoître il s'agit de les considerer dans un autre point de vûë. Dans le commerce particulier vous auriez bien-tôt remarqué combien le Comte est superficiel en tout, & qu'on ne peut suppléer au manque de sentimens, ni par les détails historiques, ni par le jargon & le manége de la Cour. Vous auriez trouvé en son frere un homme qui gagne à être approfondi, un homme dont les entretiens sont soutenus par la justesse, le bon goût & la délicatesse des sentimens.

L'on comprend aisément, dit Hamilton, la préference qu'on doit donner à ceux qui parlent avec sentimens, sur ceux dont le seul acquis fait tout le fonds. La conversation ne tarit point avec les premiers : comme en eux tout part de source, ce sont toujours des propos variez sur tout ce qui peut le plus interesser le cœur & l'esprit : on est conduit dans leurs entretiens à de solides réflexions sur les évenemens de la vie, sur les grands principes de la Religion, sur les divers caracteres des hommes, ſur les maximes inſtructives de la Morale : ce mélange qui nait tout naturellement des matieres qu'on entame, n'exclut ni l'enjoüement, ni l'agréable badinage dont les honnêtes gens ſçavent aſſaiſonner leurs diſcours.

Vous venez de faire là préciſément le portrait du frere du Comte, reprit Leſcure; aux qualitez du cœur il joint encore celles de l'eſprit : il ſe fait aimer par les premieres, & admirer par celles-ci. Je n'ai encore vû perſonne qui ſçache mieux que lui ſe faire au goût & à la portée de ceux avec qui il ſe trouve; on diroit qu'il n'a d'autre volonté ni d'autre façon de penſer que la leur; avec cela il ſçait dire de bonne grace : j'ai failli; j'avouë ma faute; j'avois tort.

Ce ſeul trait, interrompit Marcel, me fait naître le déſir de le connoître; un tel procedé dénote toujours un eſprit bien fait & un cœur droit : l'aveu de ses fautes ou de ses défauts, montre une certaine noblesse d'ame & une candeur qui n'est point de la portée des hommes ordinaires. On cesse d'avoir tort dès qu'on a cette aimable facilité à se condamner soi-même. Il est étonnant qu'on ne comprenne pas que c'est-là le vrai moyen de se concilier les esprits, & de s'insinuer dans les cœurs, surtout dès qu'on sçait se prêter & plier à propos. Lorsqu'en cela il semble qu'on fasse violence à l'amour propre, on ne fait en effet que lui fournir l'aliment le plus solide, par l'estime qu'on s'attire de toute part. C'est mal entendre ses interêts que d'être sujet à soutenir opiniâtrement son opinion propre : sçavoir se relâcher quelquefois, même de ses droits, est un acheminement à une réputation exquise.

Il est constamment vrai, dit Gordon, qu'on gagne toujours plus à se faire à l'opinion & aux manieres des autres, qu'à vouloir s'entêter des siennes. Nous voyons tous les jours que celui qui veut avoir raison en tout, est précisément celui qui a d'ordinaire tort en tout. Les disputes d'ostentation seroient peut-être moins fréquentes, si l'on consideroit que la modestie est ce qui sert le plus à se frayer le chemin des cœurs. Rien de plus sensé ni de plus utile que de sçavoir ceder de bonne grace, & bien vivre avec tout le monde. L'on rapporte du Philosophe Aristipe, qu'il avoit coutume de dire, que c'est là le fruit le plus solide qu'on puisse tirer de la Philosophie.

Envisageons un moment les choses dans un autre point de vûë, répondit Hamilton; ne doit-on pas croire que pour l'agrément de la conversation il ne s'agit point d'une complaisance outrée; & que comme les opinions & les sentimens sont differens, il est dans l'ordre qu'on puisse soutenir avec politesse des faits qui n'ont rien d'équivoque ; des choses même susceptibles de differentes interprétations, ou des idées qui se presentent sous differentes faces ?

Ce que vous dites-là, répliqua Gordon, fait une autre question : cela est non-seulement convenable, mais même en quelque façon necessaire dans la societé : la conversation ne se soutient que par-là ; elle languit si elle n'est mêlée de ces sortes d'assaisonnemens où *le mode* est observé. Mais il y a des disputes de goût & de raison, & des disputes d'ostentation & d'opiniâtreté : celles-ci sont toujours très-désagréables. Au reste, l'on sent assez combien il seroit ridicule & insipide de ne contester jamais rien ; mais aussi quoi de plus odieux que de contester toujours tout avec toutes les marques de l'entêtement? C'est donc le juste milieu entre ces deux extrémitez qui fait l'agrément du commerce & des conversations. Point de complaisance basse & rampante, point d'opiniâtreté dure & déplacée ; il s'agit sur-tout de ne pas confondre dans les disputes un fait avec une opinion : c'est le caractere de l'opiniâtre de vouloir soutenir à outrance son opinion.

Mais sans entrer dans toutes ces distinctions, repartit Hamilton, supposons un moment l'opiniâtreté & la fade complaisance poussées l'une & l'autre à l'extrême, laquelle des deux doit-on juger la moins insupportable?

Vous proposez-là une question, dit Marcel, que j'ai ouï une fois agiter dans une nombreuse assemblée : ce fut une conversation agréablement animée par la varieté des opinions & des faits: l'on l'on y suppoſa entr'autres choſes, un Grand de la Cour diſgracié & relegué dans une Iſle deſerte, où il eſt condamné à paſſer le reſte de ſes jours ſeul. Ses amis obtiennent enfin une eſpece d'adouciſſement : le Prince accorde à leur ſollicitation le choix de deux hommes d'un caractere bien étrange pour lui ſervir de compagnie ; l'un perpetuellement contrariant, l'autre diſant toujours oüi à tout : il s'agit d'opter pour l'un ou pour l'autre de ces deux perſonnages ; le choix eſt embaraſſant ; il y a de part & d'autre bien des inconveniens à peſer : d'un côté c'eſt un opiniâtre inflexible, de l'autre un inſipide complaiſant ; & c'eſt là-deſſus que le Courtiſan doit ſe déterminer.

La compagnie s'étant trouvée partagée ſur cette propoſition, l'on y dit une infinité de choſes dans le pour & dans le contre.

Rien de plus propre pour ré-
veiller les conversations languis-
santes, répondit Hamilton : il y a
à la verité de quoi être embarassé
dans un choix de cette nature.
Quant à moi, il me paroît que je
déciderois pour l'esprit contra-
riant ; tous les désagrémens de son
infléxibilité me seroient, ce me
semble, moins insupportables
que le mortel ennuy que j'aurois
à essuyer avec le fade diseur de
oüi. Il y a de quoi faire perdre l'u-
sage de la parole dans le dégoût
& le découragement où l'on se
trouve avec un pareil compagnon.
Si l'on a de mauvais quarts-d'heu-
re à essuyer avec l'autre, l'on a du
moins le plaisir de pouvoir s'en-
tretenir, & il reste enfin la ressour-
ce de ceder quand on veut termi-
ner la dispute.

Je viens de voir passer là, dit
Lescure, un homme de ce carac-
tere avec qui il n'est jamais pe

[j]amais d'avoir raison : je n'ose jetter [l]a vûë de son côté, de peur qu'il ne [s]'avise de nous venir joindre : le [v]oilà sur le second banc à notre [d]roite, qui s'entretient avec S... dont la compagnie n'est gueres moins redoutable que la sienne. [S]'étant saisi de moi ces jours passez [d]e maniere à ne pouvoir m'en [d]éfaire, il m'a souvent fait penser [a] notre précedent entretien sur [c]eux qui ont le secret de parler [b]eaucoup sans rien dire.

C'est-à-dire, interrompit Mar[t]el, que vous avez eu à essuyer [b]ien du verbiage.

Jamais, poursuivit Lescure, je [n']ai eu tant à combattre contre le [s]ommeil & les baillemens. Il est [v]rai qu'une pareille experience [m]'a paru assez singuliere dans la [c]ompagnie d'un bel-esprit ; car [v]ous sçavez que c'est là un titre [d]ont S... est en possession parmi [le]s femmes. L'on ne sçauroit dis-

convenir qu'il ne ſoit beau par-
leur, & avec tout cela je ſuis aſ-
ſez impertinent pour m'ennuyer
à la mort avec lui dans le tête
tête.

Il eſt vrai, répliqua Marcel
qu'on le voit briller dans les con-
verſations par ce badinage leger
qui en fait l'agrément: il faut encore
avoüer qu'il ſoutient d'une manie-
re aiſée le jargon des cercles, &
qu'il ſçait aſſaiſonner ſes récits de
tous les tours & de toutes les ex-
preſſions propres à faire valoir des
riens: c'eſt en un mot un homme
qui, en ce point, a infiniment de
l'acquis. S'il ne faut que cela pour
être bel-eſprit, il n'en uſurpe point
le nom. Ce ſont là, à la verité, des
avantages aſſez conſiderables dans
le commerce de la vie; mais ils ne
ſçauroient empêcher toutefois que
S... ne ſoit un très-ennuyeux per-
ſonnage dans le particulier. Le ſeul
acquis ne ſuffit point ici, il faut

les sentimens. L'on est quelquefois étonné du peu de ressource qu'on trouve dans le tête à tête de certaines gens qu'on a vû si souvent amuser de nombreuses compagnies ; mais les personnes propres à fournir convenablement aux entretiens particuliers, sont plus rares qu'on ne pense ; il faut pour cela être capable d'une conversation de sentimens, d'une conversation de pensées & de réfléxions, d'une conversation de jugement, de goût & de remarques : lorsqu'on a ainsi la source en soi-même, l'on ne tarit point : on est toujours fécond en choses nouvelles & interessantes, ausquelles la bonne éducation donne un surcroît d'agrémens. Il n'en est pas de même, quand on en est réduit aux seules matieres étrangeres ; ou elles s'épuisent, ou elles deviennent ennuyeuses par les répétitions. Il est à remarquer qu'il s'agit moins dans le commerce particulier du talent de sçavoir amuser, que de celui d'inspirer la confiance ; & c'est à quoi les appas les plus séduisans du superficiel ne sçauroient atteindre.

En réfléchissant sur ce que vous venez de dire, reprit Lescure, j'ai pensé qu'on ne doit pas s'étonner qu'il y ait si peu de femmes qui soient supportables dans le tête à tête, dès qu'il ne s'agit point de passion. S... tient de la femme au défaut de l'essentiel, il a le joli jargon, les saillies, les fines réparties, les traits vifs de la critique : tout cela réjoüit un certain tems en public ; mais dans le particulier il laisse souvent un vuide qui jette bien-tôt dans les baillemens. l'on se réveille enfin par quelque bruit de ville, & cela fini, la conversation languit encore de nouveau ; alors l'on ne respire plus que le moment de la séparation.

Quelque vivacité d'esprit qu'on

puisse avoir, répartit Marcel, l'on ne peut, comme nous le disions dernierement, soutenir un commerce intime & de durée, dès que les sentimens manquent : les qualitez du cœur & la confiance réciproque, c'est ce qui contribuë le plus à l'agrément & à la satisfaction des entretiens particuliers ; c'est là ce qui les rend interessans : l'on goûte avec un plaisir toujours nouveau la douceur de pouvoir s'ouvrir en sûreté sur tous ses mouvemens intérieurs.

Ce n'est pas un médiocre bonheur, dit Hamilton, que de se trouver en situation de pouvoir choisir son monde pour le commerce de la vie, & de rencontrer avec qui pouvoir, comme dit Horace, mener une vie de raison, & avoir une conversation réfléchie : la confiance & l'amitié naissent bien-tôt entre les cœurs qui se ressemblent par la bonté, la droiture, la sincerité. Pour moi, je j'ai toujours dans la tête que c'est par le cœur qu'il faut juger de l'homme pour le commerce de la vie. L'on trouve à chaque pas des gens qui ont de l'esprit; mais comme ils n'ont que de l'esprit, je n'en voudrois avoir d'autre liaison avec eux que celle des cercles & des conversations generales.

J'ai souvent été dans l'étonnement, ajouta Gordon, de voir des esprits du premier ordre, ou qui se croyent tels, n'avoir presque pas d'idée de ce qu'on appelle sentimens. J'en connois même qui sont incapables de réfléxions; la morale, les remarques judicieuses, la justesse de sens, le veritable bon goût, les pensées nobles & solides, tout cela semble leur être étranger, quoique ce soit la source des entretiens interessans: aussi les leurs n'ont-ils d'autres charmes que celui du langage; tout y est borné au seul don de sçavoir s'exprimer avec facilité & agrément, souvent sur des niaiseries.

Plus l'on fréquente le monde, reprit Lescure, & plus l'on est convaincu de ce que dit la Rochefoucault, qu'il y a peu d'hommes qui pensent, très-peu qui réfléchissent, & encore bien moins qui parlent & qui agissent avec goût & avec sentiment.

J'ai fait dans le cours de mes voyages quelque séjour dans une Ville, où l'on compte pour rien le talent de bien parler, si l'on ne sçait avec cela penser, sentir & écouter. J'ai séjourné aussi dans une autre Ville, où l'on ne sçait que parler, & où l'on parle perpétuellement sans penser, réfléchir, sentir ni écouter; & c'est sur ce pied-là qu'on entend dans un cercle huit ou dix personnes parler toutes à la fois. Cette bruyante conversation paroît étrange & comique à ceux qui n'y sont point accoutumez. Le jeu, la chasse, la bonne chere, la musique, la danse, les modes, voilà quelles sont les matieres ordinaires de leurs entretiens ; hommes, femmes, vieillards, jeunes gens, tous tiennent les mêmes propos : la sphere de leurs observations ne s'étend jamais plus loin. Comme les qualitez brillantes l'emportent chez eux sur les qualitez solides, rien n'y est plus rare que ce qu'on nomme sentimens : c'est un peuple avec lequel il faut parler sans nulle discontinuation ; il ne regarde le silence que comme l'effet de la stupidité : dire des choses qui choquent le bon sens, est pour lui un bien moindre inconvenient que de se taire. La politesse extérieure de l'esprit y est assez commune, mais on y connoît peu celle qui a sa source dans le cœur : le seul langage y tient lieu de sentimens. L'on y est inépuisable en vains complimens, sur lesquels on sçait de part & d'autre à quoi s'en tenir. Il n'y a pas d'endroit au monde où il se fasse plus de protestations d'amitié : cependant la solide amitié y est regardée comme quelque chose de chimerique, & les conditions qu'elle exige comme tenant de l'extravagance. Enfin à y voir agir les hommes, on diroit qu'ils ne commercent ensemble que pour l'interêt ou la bienséance.

Vous nous dépeignez-là un peuple de Marionnettes, dit Hamilton ; mais quoi qu'il en soit, nous ne voyons pas de nos jours beaucoup d'endroits où l'on soit fort sensible aux charmes d'une amitié pure & désinteressée : l'on s'en tient communément, comme ce peuple machinal, à une surface qui n'engage à rien. Nous ne sommes plus au bon vieux tems où les qualitez du cœur étoient de tout un autre prix que celles de l'esprit. Il y a, comme dit la Bruyere, un goût dans la pure amitié où atteignent bien peu de personnes aujourd'hui.

Mais ce que je ne comprens pas, encore une fois, ajouta Gordon, c'est qu'on voit des hommes qui ont la réputation d'avoir de l'esprit & du merite, & qui cependant sont incapables de sentir les douces impressions d'une tendre amitié: on croiroit qu'une liaison de durée, un commerce intime, certaines communications familieres de pensées & de sentimens, devroient avoir formé en eux les plus tendres affections; mais l'on est tout étonné de ne trouver que des cœurs de bouë, dont il ne faut attendre rien de noble ni de genereux, & sur lesquels il ne faut point du tout compter dans le besoin.

Nous en connoissons plusieurs

de cette espece, reprit Lescure, & qu'on croiroit, à les entendre parler, très-capables de ces aimables délicatesses qui font le plus charmant assaisonnement de l'amitié, mais dont ils n'ont dans le fond nulle idée. Occupés tout entiers d'eux-mêmes & de leurs interêts propres, ils ne sçauroient parvenir à connoître les douceurs d'une tendre union : il n'est question, comme nous le disions dernierement, de vivre avec ce genre d'hommes, que dans un esprit de societé & de bienseance, autant que l'exige la necessité des situations : ce seroit tems & peine perdus que de vouloir les cultiver en vûë de quelque agrément, ou de quelque satisfaction réelle.

Il y a encore une chose à remarquer dans les hommes de cette trempe, dit Marcel ; c'est que comme ils n'ont ni delicatesse de sentimens, ni bonté de cœur, ni goût pour les qualitez de l'ame, toute compagnie leur est égale. Les personnes d'un esprit solide ou d'un merite distingué ne sont pas plus en droit de leur plaire, que le sot ou le fat. Un caquet superficiel, ou une conversation de raison & de bon sens, est pour eux une même chose. Trente années de liaison ne servent pas plus à les rendre sensibles, que le commerce d'un seul jour. On entreprendroit inutilement de vouloir persuader à pareilles gens que le plaisir d'obliger est un plaisir bien doux.

L'entretien des quatre amis fut ici interrompu par l'arrivée de quelques Dames de leur connoissance qui s'arrêterent devant le banc ou ils étoient assis. Après quelques momens d'un agréable badinage, elles les quitterent pour continuer leur promenade. L'une de ces Dames avoit avec elle son fils, un enſant fort aimable, & qui n'avoit pas plus de neuf à dix ans. Leſcure l'arrêta, & le mit en train de caqueter : ſes petits raiſonnemens les réjouirent beaucoup. Maintenant, leur dit-il, que je vous ai bien fait rire à mes dépens, ſouffrez que j'aille annoncer à ces Dames le bonheur que j'ai eu de vous être bon à quelque choſe : j'ai là-deſſus une impatience d'amour propre, qui me dédommage des plaiſanteries dont vous avez bien voulu m'honorer. S'étant échappé là-deſſus, il courut réjoindre ſa mere. Leſcure rapporta pluſieurs traits admirables des petites gentilleſſes de cet enfant ; ce qui fit que l'on parla encore ſur les avantages d'une bonne éducation.

Peut-on trop s'étonner, continua Leſcure, de voir à quel point on neglige de nos jours le moyen de laiſſer à ſes enfans l'heritage le plus precieux qu'on puiſſe leur deſtiner, c'est-à-dire, la bonne & solide éducation, sur tout l'éducation chrétienne qui a tant d'influences & pour cette vie & pour l'autre, & qui en un mot fait le plus solide bonheur qu'on puisse se promettre ici bas. Jamais on n'a vû tant de précautions pour former l'esprit, ni moins d'attention dans le choix de ce qui peut former en même tems le cœur : on ne neglige rien dans l'un & dans l'autre sexe, pour l'éducation exterieure & galante ; tout est employé pour rendre un jeune homme poli, agréable, de bon goût ; on l'exerce soigneusement dans l'art funeste de plaire au monde, & à ce monde proscrit dans l'Evangile. Enfin une infinité de Maîtres sont employés pour donner des leçons, qui souvent deviennent la source d'une chaîne de malheurs ; mais voyons nous beaucoup de ces Maîtres mercenaires appliquer la jeunesse

aux

aux connoissances solides qui fortifient la raison, qui dirigent le cœur pour le rendre bon, droit, juste, qui se fassent une affaire capitale d'accoutumer l'esprit de leurs éleves à l'attention, à la penetration, à la justesse ? Il semble que tous leurs soins doivent se borner aux qualitez superficielles, à un certain brillant. Le bel esprit, l'imagination brillante, la politesse exterieure, tout cela fait oublier la necessité des qualitez essentielles du cœur, des sentimens & des vertus solides. On s'accoutume ainsi à regarder le frivole comme necessaire, & l'essentiel comme peu important.

Voilà précisément, ajoûta-t-il, la source de l'injustice que nous font les Etrangers, en attribuant au genie general de la Nation Françoise ce qui n'est que l'effet particulier des premieres impressions. Comme tout dépend des principes qu'on a reçus d'abord, & que ces premieres impressions prennent d'ordinaire d'assez fortes racines; il n'est point étonnant si l'on voit tant de nos jeunes gens évaporés, étourdis, vains. Il est de la derniere importance d'accoutumer de bonne heure les jeunes gens à penser, à reflechir, à s'appliquer à de solides lectures : quand une fois ils sont livrés à la dissipation & aux appas de la vanité, les voilà incapables de s'appliquer à rien d'essentiel. Abandonnés à leur propre conduite, leur penchant les entraîne toujours vers ceux du même âge, où ils contractent bien-tôt certaines habitudes que tous les efforts des parens ne peuvent plus détruire.

Ce que vous venez de dire là, repliqua Gordon, renouvelle ma douleur au sujet d'un de mes parens, qui se trouve précisément dans ce même cas. Il a tellement degeneré par la frequentation des étourdis, qu'il n'y a plus moyen de le rendre raisonnable. Avant ce fatal commerce, la modestie, la simplicité & la candeur, qui caracterisent d'ordinaire un cœur grand & noble, étoient ses qualitez distinctives; mais aujourd'hui il se distingue par les impertinentes saillies des plus ridicules Petits-Maîtres. Nous avons le déplaisir d'en remarquer en lui la legereté, la fatuité & l'impudence; & pour surcroît de malheur, il s'est mis en tête de faire le bel esprit dans les cercles.

C'est là une suite assez naturelle, reprit Lescure, & il ne se peut qu'on ne soit sensible à de tels changemens dans les personnes qu'on aime. Un jeune homme qui fait le bel esprit, est toujours infatué de lui-même, & par là absolument incapable d'aucune docilité. Ceux qui sont distingués par une grande naissance sont plus sujets que les autres à abonder dans leur sens ; la présomption leur donne une confiance en leurs propres lumieres, qui les porte à soûtenir en toutes occasions leurs sentimens d'une maniere imperieuse & décisive ; comme ils ne sont contredits en rien, leur entêtement s'accroît de plus en plus ; sur la foi de leur amour propre & de l'adulation interessée de leurs flatteurs, ils s'imaginent être au fait de tout, ou qu'il y a moins d'inconveniens à parler au hazard que de paroître ignorer quelque chose : s'il arrive que leur vanité serve quelquefois à égayer les personnes sensées, ils trouvent souvent des admirateurs parmi les sots & les ignorans. J'ai lû quelque part, poursuivit-il, que parmi les sages Loix que Solon établit dans Athenes, il y en eut une où il étoit arrêté que tout homme qui ne produiroit d'autre preuve de son esprit que les saillies vives de son imagination, & le talent de parler avec facilité de tout sans rien approfondir, seroit regardé comme incapable d'exercer aucune charge publique.

Une pareille exclusion, dit Hamilton, ne pouvoit qu'être avantageuse à la Republique. Quoi qu'il en soit, nous voyons aujourd'hui que dans l'idée de bien des gens, être hardi parleur, c'est être bel esprit. Ils s'avisent peu de trouver à dire le bon sens qui en fait tout l'essentiel, ni le jugement qui en doit être la base & le fondement.

C'est cependant une chose decidée, repliqua Marcel, que le solide fait plûtôt le bel esprit que le brillant ; ou, pour mieux dire, que ce n'est proprement que le bon sens qui doit briller : l'on entend ce bon sens qu'Horace dit venir d'une intelligence droite & lumineuse, d'une imagination noble & feconde ; l'on suppose encore avec cela le vrai bon goût, le discernement & la penetration.

C'est se moquer, repartit Hamilton, d'éxiger tant de choses; l'on est, comme nous venons de le dire, bel esprit à bien moins de frais dans les bruyans cercles du tems. Quoi qu'il en soit, ajoûta-t-il, je n'envie pas, encore une fois, le sort de ceux qu'on distingue d'ordinaire par ce titre.

A envisager les choses du côté de la Religion, reprit Lescure, les talens exterieurs, les dons éclatans sont souvent bien dangereux, & peuvent devenir funestes par l'extinction de l'humilité Chrétienne, si necessaire pour le salut. D'ailleurs le point capital pour l'agrément de la vie, c'est d'avoir l'esprit bien fait, aisé, liant. Il est rare qu'un bel esprit ait rien de cette noble simplic ité& de cette douce condescendance qui gagnent les cœur; tout occupé de lui même, il n'est gueres propre à remplir les engagemens d'une vive & tendre amitié, dont les douces impressions lui sont souvent inconnuës.

Il me paroît, dit Hamilton, que vous n'êtes gueres disposé à choisir vos amis parmi ceux qui font les beaux esprits.

Je crois même, répondit Lescure, que le moins qu'on puisse avoir de liaison avec eux, n'est que le mieux; car enfin, la regle generale à l'égard des hardis parleurs & des hommes suffisans, est de ne s'y fier qu'autant qu'on veut être trompé. L'on en voit bien peu qui ne soient sujets à s'écarter de la sagesse, de la discretion & de la moderation, qui sont toujours les guides du vrai merite, & les plus sûrs garants de la sincerité & du secret. Personne n'ignore que le grand parleur ne garde d'ordinaire le secret que jusqu'à la premiere occasion qu'il trouve à pouvoir bavarder à son aise : il n'est point en lui de pouvoir comprendre que ce secret qu'on lui a confié, est comme un dépôt sacré, & qu'il ne peut reveler qu'en se deshonorant.

J'ai vû, dit Gordon, un jeune homme des plus étourdis & des plus indiscrets, se corriger subitement sur ce qu'il entendit dire un jour à mon frere le Philosophe, qu'on lui avoit appris dès sa plus tendre jeunesse, que c'est d'ordinaire le rôle du fat d'affecter le bel esprit dans les assemblées, & d'y vouloir faire tous les frais de la conversation.

Ce jeune homme, repliqua Lescure, doit surement avoir été capable de reflexions, & il ne faut que cela pour mettre à profit les bons & les mauvais exemples. Il y a tout à esperer d'un jeune homme en qui l'on remarque un vrai desir

deſir de ſe perfectionner ; les reflexions qu'il fait ſur le ſort ordinaire du fat preſomptueux, lui font prendre la reſolution de ne ſe diſtinguer jamais par un pareil ridicule. Il n'y a pas, comme nous le diſions il y a quelque tems, de leçons de morale qui ſoient plus utiles pour redreſſer l'homme, que la vûe des défauts choquans dans les autres : l'on bannit par là un amour propre, groſſier & mal entendu, pour ſubſtituer en ſa place un amour propre, delicat & convenable.

Je me vois dépeint dans ce que vous venez de dire là, interrompit Marcel : il étoit un tems que j'ajoûtois à tous mes autres défauts celui de vouloir par un effet de cet amour propre, groſſier & choquant, parler de ce dont je n'avois ſouvent nulle connoiſſance ; avec cette diſpoſition je ne pouvois me reſoudre à avoüer tout bonnement que j'ignorois telle ou telle chose; mais la vûë de pareils défauts en M. de*** m'a fait penser à l'amour propre, subtil & avantageux, pour l'établir à l'avenir sur les ruines de l'autre, dont la ridicule grossiereté m'avoit été jusqu'alors comme inconnuë. Je dois, ajoûta-t-il, à l'amitié & au zele de mon cher Lescure, bien d'autres découvertes qui ne doivent pas me paroître moins importantes.

Je me saisis de cette occasion, dit Gordon, pour vous dire tout net à l'un & à l'autre, que vous êtes bien ingrats à mon égard, puisque depuis le tems que je vous suis attaché par les plus tendres sentimens, vous n'avez pas encore pensé à me rendre dans ce goût aucun service d'ami, quoique je vous en aye souvent prié avec d'assez vives instances, & que vous m'ayés oüi dire cent fois, que je pensois de façon à entreprendre un long voyage pour trouver un ami assez zelé & assez charitable pour me faire remarquer mes défauts.

Après qu'on eut un peu ri de cette heureuse saillie de Gordon, vous meriteriez, repliqua Marcel, que nous fissions ici souffrir votre modestie par l'exposé de tout ce que vous valez, & que par là nous vous fissions voir que nous aurions à vous faire à notre tour des reproches mieux fondés que les vôtres dans ce même goût.

Du monde qui les joignit à cet endroit, mit fin à leur entretien particulier de ce jour-là.

ENTRETIEN VII.

LES quatre amis se rendirent peu de jours après à leur rendez-vous ordinaire : Lescure, Gordon & le Baron d'Hamilton y trouverent Marcel qui les attendoit. Après les amitiez ordinaires leur conversation tomba sur un Livre que Marcel tenoit à la main. C'étoit un ouvrage periodique qu'on vit paroître il y a quelques années.

Quelque dechaîné qu'on ait paru d'abord contre ce Spectateur, dit Hamilton, l'on ne peut toutefois disconvenir qu'il n'y ait bien de l'esprit : pour moi, je pense qu'il y a peu d'ouvrages où l'on puisse remarquer plus de feu, d'imagination & de tour ; le même esprit, la même vivacité, la même énergie regnent dans tous les autres ouvrages de cet Auteur. Je me trouvai une fois dans un cercle de Critiques où l'on ſe recria beaucoup ſur la nouveauté énigmatique des expreſſions, & ſur le tour guindé des phraſes ; à quoi je ne pûs m'empêcher de rèpliquer que notre prétenduë delicateſſe ne ſert ſouvent qu'à diminuer nos plaiſirs, & qu'il eſt aſſez ordinaire que la prevention nous aveugle ſur la beauté d'un ſtile vif, net, précis. On prétend, continuai-je, que ces ouvrages ſont pleins d'expreſſions ſingulieres, de tours hardis, de phraſes hazardées, de termes extraordinaires ; & l'on ſe voit forcé de convenir en même tems que tout y eſt clair, que tout y eſt agréable, que tout y eſt énergique & frapant. De bonne foi n'y a-t-il pas bien de l'injuſtice dans notre exceſſive facilité à vouloir tout blâmer, & n'eſt-ce pas là donner occasion aux sots d'en user de même, par l'envie de se faire croire connoisseur ?

Ceux qui se récrient le plus sur le défaut de solide dans les ouvrages dont vous parlez, répondit Lescure, conviennent malgré eux qu'il y a beaucoup de brillant dans les pensées & dans les expressions, & que même tout y est dit avec graces. J'entendis il y a quelque tems tenir des propos à peu près dans le goût de ce que vous venez de dire.

Quel jargon nouveau, quel bizare stile, disoit entr'autres un certain Abbé ! ce n'est-là qu'un tissu de termes alambiquez, de phrases precieuses, & de pensées fausses, où l'on ne voit d'un bout à l'autre que le seul clinquant. Il y regne à la verité une certaine finesse, mais c'est une finesse qui revolte par son affectation. L'on sçait assez, ajouta Lescure, que la finesse dans cette sorte de composition n'a d'agrément qu'autant qu'elle se cache sous le simple, sous le naturel, sous l'uni ; & c'est là précisément ce que je m'imagine voir dans ces ouvrages, que nos Critiques cherchent à décrier ; & au hazard de leur donner mauvaise opinion de mon discernement, je ne cesse point de repeter que je les trouve fort de mon goût. J'aime naturellement ce stile coupé où l'on dit beaucoup de choses en peu de mots : cela me paroît d'un Auteur habile, & qui n'écrit si finement que par la bonne opinion qu'il a des Lecteurs.

Quant à ceux à qui j'ai entendu tenir ces discours, ils m'ont paru d'un caractere à me faire juger qu'ils ne parloient ainsi que par un secret dépit de leur incapacité, & de ce que ces ouvrages sont trop fins, trop delicats, trop pensés pour eux : ils en eussent sans doute fait l'éloge s'ils les avoient trouvés moins précis, moins reflechis, moins ingenieux. Je vous avouë que leur mauvaise humeur excita un peu la mienne ; de sorte que je ne pûs m'empêcher de leur dire tout doucement, qu'il faut plus de goût, d'esprit & de talens pour bien sentir les beautez & les agrémens d'un ouvrage, que pour en découvrir les défauts. Si je ne leur dis pas en face que ce stile qu'ils critiquoient si impitoyablement, leur paroîtroit peut-être plus beau, s'il l'étoit moins, je leur fis assez entendre que je le pensois de même.

L'on peut bien critiquer un ouvrage, repliqua Marcel, & être cependant soi-même peu capable d'en faire un qui valût la peine d'être critiqué. Il y a de la distance d'un talent à l'autre, je veux dire de celui de sçavoir critiquer à celui de sçavoir bien composer;

mais l'on se fait facilement illusion à cet égard. Quand on n'éxamine une piece que dans la seule vûë d'y trouver des défauts, l'on trouve toujours de quoi se satisfaire, quelque bonne même qu'elle puisse être : une malice prémeditée rend d'ordinaire fort clair-voyant, & sur cela l'on conclut tout de suite du bien juger au bien faire; mais venant à l'experience l'on éprouve, & cela quelquefois à sa confusion, combien on a été la dupe de son prétendu discernement.

L'on ne dépend pas heureusement du jugement des Critiques, réprit Lescure, pour trouver quelque chose de son goût. Il arrive souvent qu'en voulant humilier un Auteur, ils travaillent à sa gloire, & qu'ils font connoître par la nature même de leur décision, combien il est dans le fond au-dessus d'eux. Quoi qu'il en soit, quant à moi, je veux, encore une fois, trouver pour ma propre satisfaction dans ce Spectateur tout ce qui peut rendre un ouvrage interessant, comme le mélange agréable, le bon goût, le sel bien ménagé, le stile leger & delicat, les tours fins & ingenieux.

Quoi qu'en disent les Critiques, ajoûta Gordon, il me semble qu'on y trouve même beaucoup de sentimens. L'on en voit à la verité qui n'auroient pas grand prix s'ils étoient exprimés en termes ordinaires; mais il faut convenir que l'Auteur sçait tout faire valoir, & qu'il n'est gueres possible de pouvoir écrire avec plus d'esprit & d'agrément, quoiqu'au reste sa diction ne soit pas toujours assez naturelle.

Quant au reproche qu'on lui fait de paroître faire son capital du seul brillant, sans vouloir entrer dans aucun examen là-dessus, je me borne à conclure que le principal but des ouvrages periodiques doit être l'utilité generale: c'étoit celui de Steele dans les siens; de-là toutes les instructions solides & tous ces traits propres à former le cœur & l'esprit. L'on y voit par tout qu'il avoit particulierement en vûë de corriger le ridicule, d'insinuer la necessité & les avantages des bonnes mœurs.

Il est vrai, répartit Hamilton, que notre ami Bicker-Staff dit d'excellentes choses, & qu'il amuse agréablement le Lecteur en l'instruisant : ses saillles ingenieuses, sa subtile métaphysique & son badinage enjoüé, toujours accompagnés de toutes les graces du naïf & du plaisant, ne visent qu'à mieux insinuer ses moralités; tous ces accompagnemens reveillent l'attention & interessent l'esprit. Mais d'un autre côté l'on ne sçauroit disconvenir qu'il n'y ait bien des inutilités & des fadaises dans ses speculations. Nous lui passions nous autres tout le frivole en faveur d'une certaine finesse qui semble lui donner quelque prix, & de ce je ne sçai quoi que nous appellons *The humor*; mais la traduction se trouvant absolument dénuée de tous ces petits agrémens, nous ne devons pas être surpris qu'un François qui ne voit point les choses dans leur source, se recrie & sur les minuties & sur la platitude où il les voit renduës dans la traduction, quoiqu'il sçache d'ailleurs que ce qui peut paroître admirable dans une langue, perd souvent tout son prix traduit dans une autre.

Quoi qu'il en soit, réprit Gordon, ces ouvrages de *Bicker-Staf* plairont toujours, tant par les choses en elles-mêmes, que par le varieté & les tours ingenieux. Ce mélange curieux de traits d'Histoire, de morale, de réflexions judicieuses, d'applications interessantes, ne peut qu'être du goût de tous les païs & de tous les tems. Tout ce qui est marqué au coin du bon sens, de la droite raison & d'un jugement solide, ne vieillit point; il joüit de l'heureux privilege d'être toujours de mise.

Au reste, le goût qu'on paroît avoir pour les ouvrages périodiques encouragera peut-être quelque habile Ecrivain à les continuer utilement pour le public. Cette méthode presente un vaste champ à pouvoir placer à propos ce qu'il y a de plus convenable & de plus propre à instruire : il n'y en a point où l'on puisse joindre plus naturellement l'utile à l'agréable ; & c'est là sans doute ce qui doit faire le prix d'un ouvrage. Nous avons besoin qu'on nous presente des tableaux que nous ne songeons pas toujours à nous retracer à nous-mêmes, quoique nous en sentions assez l'utilité.

J'ai lû autrefois, dit Lescure, une petite critique sur les spéculations de votre Auteur Anglois; mais une critique précisément de la nature de celle que nous lûmes ensemble dernierement, c'est-à-dire, toute propre à donner une haute idée de l'ouvrage : je sentois en la lisant, cette verité, que rien ne denote plus la mauvaise critique que l'air de récrimination ou d'aigreur : les bonnes critiques ont toujours un certain caractere de moderation & de douceur qui contribue beaucoup à les faire goûter. Lorsqu'une censure est ainsi dans les regles de l'honnêteté, & en même tems judicieuse, l'on ne peut, ce me semble, en paroître offensé sans se faire tort.

Je crois, répondit Marcel, que

de quelque nature que puisse être une critique, il est toujours d'un Auteur sensé de ne point s'en offenser : si elle se rrouve être exacte & bien fondée, il doit la regarder comme un avis dont il peut profiter; si elle est injuste & mauvaise dans tous ses points, il ne peut rien faire de mieux que de la mépriser ; elle ne sçauroit faire de tort qu'à celui qui s'est avisé de l'hazarder. Les critiques les plus dangereuses, c'est-à-dire, qui font le plus d'impression sur l'esprit du Lecteur, ce sont celles où l'on paroît vouloir se montrer équitable en entrant quelquefois dans les vûës de l'Auteur, & en loüant les endroits de son Livre qui peuvent meriter quelques loüanges; on peut de cette façon plaire au Public, sans choquer l'Auteur; enfin par cette méthode l'on n'est point soupçonné de partialité, ni d'aucun autre mauvais motif.

Tout Auteur qui a l'esprit bien fait, reprit Lesoure, profite toujours d'une critique judicieuse & exácte, & sa docilité à l'égard des corrections de quelques amis sensez, lui est dans le fond un moyen délicat & sûr de satisfaire son amour propre. Quant aux critiques aigres, fausses & malignes, elles ne servent qu'à donner un nouveau lustre à un bon ouvrage, & à le mettre encore plus en vogue elles excitent d'ordinaire la curiosité des Connoisseurs & des ignorans; ce qui, par bien des raisons ne peut manquer de tourner à l'avantage de l'Auteur qu'elles attaquent. Ne voyons-nous pas quelquefois que c'est précisément la bonté d'un ouvrage qui fait paroître une nüée de Critiques? Sans parler de certains motifs, qui en pareilles occasions font prendre la plume à quelques Connoisseurs, combien de pauvres barboüilleurs s'empressent s'empressent d'attaquer un ouvrage qui commence à faire quelque bruit ? Ils entrent ainsi en lice dans l'esperance de pouvoir percer & faire parler d'eux à la faveur de cet applaudissement public. Il est vrai qu'ils s'exposent à la mortifiante honte de se voir trompez dans l'attente d'une réfutation, & cela par la grande regle, qu'à sote critique point de réponse. Mais quoi qu'il en soit des Censeurs en general, un Auteur sage, qui en pareil cas garde le silence, n'en est toujours que plus loüable : il est à présumer qu'il le fait par de bonnes raisons, entre lesquelles on met tout naturellement en ligne de compte cette pensée d'Horace, *integer vitæ, scelerisque purus, &c.* * Sur ce fondement, il n'est gueres d'humeur à se troubler mal-à-propos, ni à vouloir combattre contre des phantômes.

* *Ad Aristium.*

Outtre que la veritable probité ne redoute en effet rien, le calme intérieur, le repos & la tranquillité de l'esprit, sont d'un trop grand prix, pour qu'on ne soit pas attentif à s'y maintenir autant qu'on le peut : c'est particulierement dans ces sortes de rencontres qu'il convient d'être Philosophe.

Pour moi, dit Hamilton, j'ai dans la tête que la vûë d'une mauvaise critique doit être une chose bien flatteuse pour un Auteur dont l'ouvrage est marqué au coin de l'agréable & de l'utile, & que le silence en pareil cas lui fait plus d'honneur, & lui donne un triomphe plus complet, que ne pourroit faire la réfutation ou la défense la mieux digerée. Au reste, ajouta-t'il, je ne puis assez m'étonner de la facilité qu'on a à vouloir critiquer, vû le concours des qualitez necessaires pour bien réussir dans ces sortes d'entreprises. Mais surprise en cela ne s'étend point aux esprits louches qui n'en sçavent pas assez pour sentir la disproportion qu'il y a de leurs talens à leur malice : ceux-ci s'imaginent écrire divinement, tandis qu'un esprit solide & éclairé craint toujours de ne pas écrire assez raisonnablement, quoiqu'il sçache bien que pour l'ordinaire il y a plus de vivacité que de vrai goût parmi la plûpart des hommes.

Cette sorte de crainte, répliqua Marcel, est en effet fort naturelle à l'esprit délicat & droit : sa modestie étant accompagnée d'une certaine noblesse de sentimens, non-seulement il se défie de lui-même, mais il est encore très-attentif à ne vouloir pas se donner du ridicule. Au reste, il ne faut pas que vous croyez qu'il faille de si grands talens pour réussir à une critique, même applaudie : telle est la pente naturelle & maligne pour la satyre, que les mêmes dispositions qui ont fait naître cette critique, en rencontrent de toutes semblables dans l'esprit de la plûpart des Lecteurs ; de sorte qu'il faut qu'elle soit bien plate & bien insipide pour n'être pas bien accüeillie. Tous les Lecteurs ne sont ni assez éclairez ni assez équitables pour conclure qu'une critique ne peut être réellement bonne, si elle n'est fondée sur un examen raisonné & judicieux, & si elle ne fait connoître également le bon & le mauvais d'un ouvrage : c'est par-là seul qu'elle doit faire son effet. Quelque esprit que l'on ait, l'on ne juge pas sainement d'un ouvrage, dès qu'on n'agit que par prévention, par partialité, ou par quelques autres semblables motifs.

Lorsqu'on remarque que dans une critique le bon & le beau sont relevez avec le même soin que le mauvais & le faux y sont condamnez, on est naturellement porté à conclure qu'elle a été faite avec connoissance de cause, & qu'elle ne peut qu'être d'un homme qui à de solides lumieres joint l'équité & la candeur : le mal est que la plûpart des censures n'ont d'autre source que le caprice, l'envie, la jalousie, ou l'amour propre, & c'est ce qui fait qu'on ose paroître injuste.

Il arrive souvent, dit Lescure, qu'on juge & qu'on décide sans sçavoir pourquoi ; & qu'on est aussi décisif dans son jugement, que si on étoit capable d'en rendre raison, & sûr de ne pouvoir se tromper. Il est vrai qu'une critique de cette nature est peu propre à humilier l'Auteur qu'elle attaque ; mais enfin il est toujours désagréable de donner occasion à un sot de faire connoître au public qu'il est tel.

Pour juger, par exemple, sainement & équitablement d'un

ouvrage caracterisé par de solides principes, & par des sentimens nobles & élevez, il faut en sçavoir connoître le prix, les bien sentir, & en être capable soi-même; ce n'est pas tout, il faut encore avoir assez de lumieres & de pénétration pour entrer dans les vûës de l'Auteur, examiner s'il remplit bien son plan, faire un juste discernement de la conduite dans son ouvrage; démêler les raisons qu'il peut avoir, en plaçant ici un fait, là un trait de morale, & ainsi du reste. L'on se montre encore à son désavantage, si à tout cela l'on ne joint en même tems un goût fin, délicat & juste. Quant aux critiques de vive voix, on sçait qu'à cet égard les conversations familieres ont leurs privileges.

Il est certain, reprit Marcel, qu'on ne fera jamais une critique qui merite l'impression, si l'on ne réünit en soi toutes ces differentes parties ; & c'est ce que ne comprennent point ceux qui ne critiquent que par pure malice, ou par une ridicule vanité qui réjaillit necessairement sur eux-mêmes, & souvent de maniere à les couvrir de confusion.

Rien ne révolte tant, dit Gordon, que d'entendre un écervelé décider à sa maniere de la bonté d'un ouvrage, & cela sans nulle connoissance, sans aucune idée, ni des principes, ni des motifs, ni même de la force des termes : on l'entend cependant prononcer d'un air assuré, & d'un ton décisif : voilà qui est pitoyable : cette piece est miserable : cet arrêt une fois prononcé, il ne faut pas lui en demander davantage, tout est dit pour lui ; graces à son ignorance, sa fatuité ne va pas plus loin sur cet article.

Il n'y a pas long-tems, répondit Hamilton, que me trouvant aux prises avec un personnage de cette espece, qui en compagnie de femmes faisoit l'agréable au dépens d'un ouvrage admiré des Connoisseurs, je me fis un plaisir malin de me prévaloir de sa turpitude, & de le pousser là-dessus aux pieds du mur, mais de façon que s'il est capable de sentir les choses, la confusion où il parut alors doit durer encore. Au reste, ajouta-t-il, il me fâche de voir si peu de nos Critiques de profession penser de façon à vouloir goûter les solides avis que nous donne la Bruyere.

Quand une lecture, dit-il, vous éleve l'esprit, qu'elle vous inspire des sentimens nobles, courageux & en même tems vertueux, regardez cet ouvrage comme étant fait pour vous; ne cherchez pas une autre regle pour juger de sa bonté, si vous le lisez avec plaisir, si vous le trouvez instructif, & si vous y remarquez l'agréable join-

à l'utile, que voulez-vous de plus ?

Il est vrai, ajoute encore la Bruyere, que si certains esprits vifs & décisifs en étoient crûs, ce seroit encore trop que les termes pour exprimer les sentimens ; il faudroit leur parler par signes, ou sans parler se faire entendre : mais un Auteur sensé s'arrête peu à leurs extravagantes décisions ; il est diffus ou laconique, suivant que le demande la nature des matieres, ou la portée des personnes qu'il a en vûë en écrivant, & ne fait cas que de la décision de ceux dont le goût est sûr & la critique judicieuse, mais dont le nombre lui paroît toujours trop petit.

Rien de plus accablant, dit Lesure, que de se trouver dans la necessité d'écouter les propos de ceux dont la fatuité va jusqu'à vouloir décider de ce qu'ils n'entendent point. Je me trouvai il y a quelques jours engagé dans un cercle où il y avoit trois ou quatre personnages de cette espece, & dont l'indiscrete volubilité imposa d'abord silence au reste de la compagnie. La conversation roula sur la belle histoire dont nous parlâmes dernierement, & dont les differentes beautez font la matiere ordinaire des entretiens du tems. L'homme de cabinet y trouve la clarté & la précision dans le cahos des intrigues de Cour & des affaires les plus embroüillées. Celui qui a le vrai goût de l'Histoire en general, y reconnoît une conduite & un stile veritablement historique : le bel-esprit y trouve l'élegance & la pureté : l'homme sensible aux sentimens grands & élevez, y remarque ce qui peut le plus interesser dans ce même goût ; il témoigne être sur-tout charmé de cette maniere fine & réflechie de peindre le cœur : l'Officier consommé dans l'Art Militaire, y admire l'exactitude & la justesse, tan dans le récit des évenemens & des manœuvres de la guerre, que dans les réfléxions, les caracteres des Grands-hommes & les comparaisons; il trouve que la précision du stile en resserrant l'abondance des faits, ne laisse appercevoir ni confusion ni secheresse.

Je vous expose ici simplement une partie de ce qui a fait l'objet de la fine critique de mes beaux-esprits : vous pouvez voir par-là combien ils sont capables de juger sainement du prix d'un bel ouvrage, d'en sentir les graces, ou de démêler la beauté des pensées, leur agrément, leur finesse & leur profondeur. Mais ce qu'il y a encore de merveilleux, c'est qu'ils n'ont pas dit un mot de certains petits défauts réels, qu'il n'est gueres possible dans le fond de pouvoir éviter dans un ouvrage de longue haleine, où il s'agit d'une si prodigieuse multiplicité d'attentions.

Autant que j'en puis juger par ce que j'ai lû des ouvrages de M. de Ramsay, il ne me paroît point homme à tomber dans aucune de ces fautes par défaut de lumieres ou de capacité. Quant à ce qu'il semble qu'il entre un peu trop dans le détail, pour peu qu'on veüille pénétrer dans ses vûës en cela, on sentira d'abord la necessité de s'étendre en certains endroits, afin de pouvoir donner une idée nette & distincte des choses, en débroüillant la multiplicité des circonstances, en conciliant la diversité des motifs, l'opposition de sentimens & de vûës dans la conduite & les actions des personnages. Comment sans cela auroit-il pû nous rendre les faits clairs & sensibles avec la liaison où nous les voyons ?

Quel art n'a-t'il pas fallu pour placer si à propos certains évenemens, qui, quoiqu'en apparence étrangers à son dessein, deviennent neceſſaires à ſon ſujet ? Il s'agit ici, en un mot, d'une hiſtoire complette, & non d'un ſimple abregé ; réfléxion eſſentielle à faire.

Parlons à l'heure qu'il eſt en general, répondit Marcel : combien voyons-nous d'hommes qui ont de l'eſprit, mais qui n'ont que de l'eſprit, s'arrêter dans un bel ouvrage uniquement au ſublime dans le ſtile ? Le ſublime dans les penſées, dans les réfléxions, dans le jugement, dans la délicateſſe des ſentimens, en un mot dans ce qui fait le plus d'honneur à l'homme, n'a rien qui les touche, parce que tout cela leur eſt abſolument étranger. Ils ne ſont gueres plus capables de faire attention aux beautez d'un ſtile ſimple, noble & ſoutenu. Les petits ouvrages de pur clinquant, comme les hiſtoriettes à traits vifs & badins, dont les obſcenitez ſont couvertes d'une eſpece de gaze, voilà ce qui merite leur admiration.

Ce seroit leur en demander trop que d'exiger qu'ils entrassent dans le plan, la conduite & le veritable esprit d'un ouvrage solide & étendu : ce qui n'est point de leur portée devient necessairement l'objet de leur critique ; c'est le parti le plus court. D'ailleurs ils se figurent par-là qu'on doit les croire capables d'en faire un plus beau ; le mal est que ceux qui sont encore moins capables qu'eux de sentir le vrai beau ou le vrai bon, s'en tiennent d'ordinaire à leurs décisions, quelques pitoyables qu'elles soient.

Souffrez de grace, interrompit Hamilton, que je décoche encore à ce sujet un trait de mon *la Bruyere*, qui semble avoir été destiné pour répondre exactement à ce que vous venez de dire l'un & l'autre.

Il y a, dit-il, bien des ouvrages generalement méprisez, mais il n'y en a point de generalement approuvez. On voit souvent les ouvrages les plus estimables critiquez de la maniere la plus humiliante pour leurs Auteurs, & cela par ceux-mêmes qui tacitement sçavent les apprécier à leur juste valeur ; on en sent assez la raison, & dans ce sens il n'y a nul lieu de s'étonner si l'on voit grossir les cabales. Le dépit de se voir effacez par ses rivaux, rend ingénieux dans la recherche de ce qu'on s'imagine pouvoir consoler : mais si la critique de pure malignité est une chose inévitable, celle des sots & des mauvais plaisans ne l'est gueres moins. A l'égard de ceux-ci, comme ce qu'il y a de meilleur ne leur sert précisément qu'à faire connoître leur ignorance, & à leur faire rencontrer une sotise, voilà l'Auteur assez vengé sur eux par eux-mêmes. Comme leurs censures & leurs loüanges sont d'un égal poids, il ne s'agit tout simplement que de les envisager comme autant de taupes : en un mot, tout Auteur doit s'attendre à être critiqué, quelque scrupuleuse exactitude qu'il puisse observer dans sa maniere d'écrire.

Comme les attaques de notre ami me réjoüissent beaucoup, poursuivit Hamilton, & que j'aime à le voir de belle humeur, vous me verrez toujours le même empressement à me saisir de toutes les occasions où je croirai pouvoir citer à propos mes Auteurs favoris.

Je vous tiens également compte, répliqua Gordon, de ces deux motifs, de votre constante activité à citer; je me sens même disposé à vous tenir encore compte d'un troisiéme motif que vous passez sous silence.

Je vous entens, répartit Hamilton, & vous me mettez par-là

en droit de crier encore à l'injustice, puisqu'il est très-vrai que j'ai déclaré tout net à la compagnie, que j'étois bien aise de faire voir que je sçai mon la Bruyere par cœur. Vous n'ignorez pas d'ailleurs que la dissimulation n'est point mon foible ordinaire, & que je suis aussi peu industrieux à cacher mon amour propre que mes autres défauts.

D'accord, reprit Gordon; mais je remarque qu'en nous régalant de tous ces traits de la Bruyere, vous ne nous les rendez pas mot à mot, tels qu'on les voit dans son ouvrage, & que vous y changez, ajoutez ou retranchez ce que bon vous semble.

Je vous vois déja ingénieux à me marquer votre reconnoissance, interrompit Hamilton, du plaisir que je me fais de vous réjoüir par mes fréquentes citations; car vous ne me faites sans doute ce reproche que pour faire comprendre à ces Messieurs, que je ne suis point homme à m'attacher servilement à la répétition des mots, mais que je sçai m'approprier les choses, moins par un effet de ma mémoire, que par celui de sçavoir me servir à propos du sens qu'elles renferment, & de l'appliquer de la maniere convenable.

Je n'ai plus le mot à dire, répondit Gordon; je me vois même nécessairement engagé à chercher de vous réjoüir à mon tour par quelqu'endroit. Mais parlons à l'heure qu'il est dans le sérieux : il seroit réellement à souhaiter que pour l'utilité commune l'on vît paroître souvent de ces ouvrages periodiques dont nous venons de parler. Il est vrai qu'ils semblent demander de plus grands talens que tout autre ouvrage; il s'agit sur-tout de sçavoir dire beaucoup de choses en peu de mots, & que le stile en soit toujours vif & soutenu.

Pour qu'une composition de cette espece puisse meriter un applaudissement bien fondé, reprit Marcel, il faut que la force des expressions, la solidité des pensées & la finesse des sentimens suppléent au défaut de la grosseur du volume; j'entens toutefois que les sentimens soient simples & expliquez d'une maniere qui soit à la portée de tout le monde. Ce n'est pas dans le fond tant l'agrément que l'utilité, qu'on doit chercher dans les feüilles volantes: elles n'ont de prix qu'autant qu'elles tendent à inspirer du goût pour la vertu & de la haine pour le vice, & qu'elles contiennent en même tems ce qui est de plus propre à former le cœur & l'esprit; en un mot, l'instruction est le point capital. Il est vrai que l'agréable est quelquefois necessaire pour mieux insinuer les principes de morale.

La conversation des quatre amis fut ici interrompuë par l'arrivée de quelques Messieurs de leur connoissance, mais qui ne s'arrêterent pas long-tems avec eux. Marcel en ayant remarqué un, dont l'air noble & modeste l'avoit d'abord frappé, dit à Lescure qu'il avoit là un ami, dont il venoit de concevoir une très-haute idée.

Vous ne sçauriez la pousser trop loin, répondit Lescure ; & pour que vous ne fassiez plus de difficulté de vous croire phisionomiste, je vous dirai qu'il est de ces gens dont le commerce se trouve avoir toujours quelques nouveaux charmes : la sincerité, la candeur, la grandeur d'ame, le naturel le plus heureux, voilà ce qui le caracterise singulierement ; & je pense qu'on peut lui appliquer avec justice ce que vous disoit à Londres le

Duc d'Aumont, du Duc d'Ormond ; qu'il n'y a en lui aucun sentiment qu'il puisse desavoüer.

Eh bon Dieu, s'écria Marcel ! pourquoi les hommes de cette trempe sont-ils si rares, & pourquoi voit-on tant de caracteres si fort opposez à celui-là ?

Il n'y a pas moins de varieté dans les caracteres, reprit Lescure, que dans les figures : il est vrai cependant qu'il y a une sorte d'hommes qui semblent n'avoir aucun caractere, & qu'il seroit assez difficile de pouvoir définir. Je ne sçai si l'on ne doit pas mettre de ce nombre ceux qui sont incapables de sentimens & de réfléxions ; du moins doit-on les regarder en quelque façon comme autant de phantômes où il n'y a point de prise.

Les hommes de cette espece, dit Gordon, ne meritent point qu'on fasse mention d'eux : ce sont des Etres manquez, & je dirois volontiers sur leur sujet comme le Poëte :

> ... De la terre inutile fardeau.

Au reste, il faut convenit qu'il y a des hommes bien difficiles à démêler, & avec lesquels l'on se trouve souvent dans le mécompte : tels sont, par exemple, ceux qui paroissent ne prendre garde à rien, quoiqu'ils remarquent tout, & que rien n'échappe à leur attention : ils sont très propres pour les negociations, pour les affaires délicates & épineuses, pour les intrigues secretes où il s'agit d'une profonde dissimulation & d'un manége continuel : on est d'autant plus aisément leur duppe, qu'ils ont l'art de cacher leurs vûes & leur dessein sous une apparente simplicité & une feinte indifference, aussi subtils à démêler les autres, qu'à se rendre impénetrables eux-mêmes.

C'est par cette sorte de manége que le Marquis de Monteleon s'est fait la réputation du plus habile Négociateur de son tems : il parvenoit à ses fins sous un air ouvert qui sembloit dénoter la sincerité, la franchise & l'inattention. Nous sommes d'ordinaire en garde contre ceux qui nous paroissent composez, & nous ne pensons pas à approfondir la manœuvre de ces rusez *Patelins*, qui joüissent secretement du plaisir de nous avoir donné le change, & de nous imposer par leurs dehors trompeurs.

Ce sont-là, répliqua Hamilton, d'assez aimables Charlatans ; mais l'on en voit d'une autre espece qui me paroissent bien odieux : c'est une sorte d'hommes dont le fonds consiste en certains dehors concertez, & qui croyent imposer par une volubilité de paroles obligeantes, & par un certain air de fausse politesse qui leur tient lieu de la veritable : ce sont d'ordinaire de grands faiseurs de protestations ; mais si l'on est assez simple pour s'y arrêter, ou pour en attendre quelque effet, l'on se trouve infailliblement dans le cas de pouvoir s'écrier avec Horace : Hélas, que de vuide dans les choses de ce monde ! * Ils ont, au défaut de sentimens, un certain manége qui éblouït d'abord, mais le faux ne sçauroit aller bien loin ; il n'y a que le vrai qui soit à l'épreuve du tems.

J'en connois plusieurs, reprit Lescure, qui sont du caractere que vous venez de dire là ; ils ont même le don de s'exprimer avec beaucoup de facilité & de graces, quoiqu'ils n'ayent pas d'ailleurs le sens commun. J'ai quelquefois été dans l'étonnement d'entendre pareilles gens parler admirablement des charmans effets de l'amitié ;

* *O quantum est in rebus inane !* Hor.

86

& des devoirs qu'elle exige : mon étonnement étoit d'autant plus grand, que je sçai que l'ingratitude, la dureté de cœur & la bassesse d'ame leur font des choses aussi naturelles que la respiration. J'en vis encore dernierement un de cette trempe, qui dans un cercle assez nombreux parloit sur cette matiere de la maniere suivante.

Il y a quatre choses, disoit-il, qui désignent particulierement le veritable ami.

La premiere est une liberté discrete & prudente, avec laquelle on reprend tendrement un ami des défauts ou des foiblesses dont on souhaiteroit de le voir exemt.

La seconde est la douceur d'une societé pleine de sentimens, de franchise & de confiance, & dont l'ame est cette solide amitié d'où naît le zéle pour se conseiller réciproquement.

La troisiéme est une fermeté courageuse à prendre en toutes rencontres la défense d'un ami honnête-homme, & à faire valoir ses bonnes qualitez.

La quatriéme enfin, c'est d'être aussi prompt à partager avec lui son chagrin dans l'adversité, que son plaisir dans la prosperité. Je ne dis rien de la bourse, ajouta-t'il; car il ne se peut qu'un homme qui pense de la sorte, ne l'ait toujours ouverte pour son ami.

Hé, qui n'y seroit trompé, s'écria Hamilton! Pour moi, je donnerois tête baissée dans le panneau, car enfin, comment pouvoir s'imaginer que celui qui parle de la sorte, puisse être un homme qui n'a ni cœur ni entrailles? Je vous avoüe que cela me passe, & si je ne craignois les lardons de mon surveillant que voilà, vous auriez encore là-dessus de longues citations; mais je me borne à me réi crier avec Virgile ſur le peu de bonne foi * de nos jours; il y en a aſſurément bien moins que du tems de ce Poëte. Si vos Charlatans politiques & patelins m'ont paru aimables, voilà un Charlatan que je trouve bien odieux.

Ce n'eſt pas encore tout, répartit Leſcure : j'ai vû tout de ſuite ce même mortel faire l'agréable aux dépens d'un de ſes amis dont on vint de parler fort déſavantageuſement; il renchériſſoit même ſur tout ce qu'on en diſoit.

Indépendamment de ce qui regarde ce monſtre, dit Gordon, c'eſt quelque choſe d'incompréhenſible que l'impudence de ces hommes vains qui cherchent à ſe faire valoir aux dépens des abſens : il ne leur vient point dans l'eſprit que rien n'annonce plus le défaut de merite, & que c'eſt là préciſément le vrai moyen de ſe

* *Nuſquam tuta fides.* Virg. Æneid.

faire une très-mauvaise réputation. J'ai un vrai plaisir d'entendre raconter ce qu'on dit de l'aversion que les Japonnois ont pour la médisance, & de leur mépris pour les médisans. La calomnie est, dit-on, parmi eux en si grande horreur, qu'il n'y a point de crime qui soit plus séverement puni.

Il y a encore une chose, continua-t'il, qui fait bien de l'honneur à ce peuple idolâtre ; c'est qu'ils n'estiment l'homme qu'autant qu'il est estimable par ses bonnes qualitez. Le faste extérieur dont nous nous laissons si aisément éblouïr, ne sert qu'à réveiller leur indignation & leur mépris pour ceux qui ne peuvent produire d'autre titre de leur merite. Un fat a beau y étaler de la magnificence & grossir son cortege, il y est toujours traité en fat.

J'ai lû dans les Histoires de ce Païs-là, répondit Marcel, des choses admirables sur la maniere qu'on y est diffamé, quand une fois on est convaincu seulement de mensonge, ou soupçonné de calomnie. Ce seroit entamer ici une matiere trop pleine d'horreurs, que de vouloir entrer dans le détail de cette honteuse passion : on sçait que c'est-là le partage ordinaire des ames basses, qui s'imaginent suppléer par une chose si monstrueuse au merite qui leur manque. Ne parlons que de la médisance qu'on regarde malheureusement comme quelque chose d'assez innocent, parce que rien n'est plus commun, & qu'on la croît necessaire pour l'agrément des conversations. On ne manque pas de prétexte pour justifier cette fatale habitude, & pour colorer la perversité de l'esprit. Dans le fond quelle étrange erreur de n'envisager pas de mal à décrier son prochain, à le flétrir, à le couvrir d'opprobres !

Ce peché est d'autant plus dangereux, ajouta Lescure, qu'il tient à l'amour propre, & que les occasions de le commettre sont continuellement presentes : mais quoique la médisance bien assaisonnée ne manque gueres d'être applaudie, il est à remarquer qu'on n'a d'ordinaire que du mépris pour le médisant.

Un médisant de profession, reprit Marcel, est un dangereux tentateur, & un homme veritablement contagieux. Heureux ceux qui ne sont point obligez par necessité d'état de se trouver en pareille societé, ni dans ces rencontres délicates où l'on participe si aisément à tous ces propos funestes, qui percent & déchirent le prochain ! Ce n'est point, je pense, un des moindres avantages de la vie retirée, que de se voir à l'abri d'une contagion si profonde & si generale ; que de pechez n'évite-t'on pas par-là !

L'on voit au reste que ce médisant de profession est puni dès ce monde même, tant par la mauvaise idée qu'il donne de son caractere d'esprit, que par les fâcheuses affaires qu'il se suscite de gayeté de cœur. L'on ne vise ici-bas qu'à vouloir y être heureux, & par un contraste assez bizare l'on est ingenieux à s'engager dans des routes qui éloignent de ce solide bonheur, qui est le fruit de la vertu ; je veux dire le calme intérieur, la paix de l'ame, le repos & la tranquillité de l'esprit : bien infiniment précieux, & qu'on peut acquerir & conserver par l'humanité, la retenuë, la douceur : je n'entens point cette douceur naturelle d'indolence & de temperamment, qui dans le fond n'est point une vertu ; je parle d'une certaine douceur mâle de raisonnement & d'effort, qui en réprimant les mouvemens de la nature, nous rend d'un commerce agréable & utile, par la pratique conſtante d'une condeſcendance qui ne ſe rebute de rien, & qui ſupporte tout.

Maſtin les ayant joint à cet endroit de leur converſation, elle tomba ſur certains évenemens des Guerres dernieres, & ſur le merite de quelques Generaux.

C'eſt une choſe aſſez décidée, dit Maſtin, que rien ne caracteriſe mieux le bon General, que la prudence & l'activité dans l'execution d'un projet bien concerté, la prévoyance des inconveniens, la promtitude à profiter de ſes avantages, & la fertilité des expédiens dans les circonſtances difficiles ou épineuſes.

Voilà ſur-tout par où ſe diſtinguoient M. de Turenne & M. de Catinat : l'on voyoit dans la conduite de l'un & de l'autre des plans & des deſſeins formez ſur les

les plus solides principes : de-là tous ces étonnans succès dans leurs entreprises.

La moderation & le desinteressement de ces deux grands Capitaines, répondit Lescure, ne contribuent pas moins à immortaliser leur nom, que leurs rares talens pour la Guerre : l'on a vû en eux toutes les vertus guerrieres réünies ensemble ; ils sçavoient triompher sans orgueil, & se posseder en toutes rencontres ; mais leur étonnante modestie les élevoit encore au-dessus de toutes ces vertus héroïques qu'on admiroit en eux. Parmi tous les brillans traits qui embellissent si admirablement l'Histoire dont nous avons parlé tout-à-l'heure, il n'y en a point qui m'ayent tant frappé que celui-ci, où le sçavant Auteur parle ainsi de son Heros.

Il épura, dit-il, toutes ses vertus par cette pieté noble & solide, qui les rapporte à Dieu, comme à leur source & à leur fin. Au milieu du bruit & du tumulte des armes, les sentimens du Chrétien accompagnoient, animoient & perfectionnoient en lui ceux du Heros. S'il y a des situations où l'ame pleine d'elle-même soit en danger d'oublier ce qu'elle doit à l'Etre suprême, c'est dans ces postes éclatans où un General par la sagesse de sa conduite, par la grandeur de son courage, & par toutes ses autres qualitez heroïques remplit le monde d'amour ou d'envie, d'admiration ou de frayeur. Turenne, continuë-t-il, n'a jamais senti plus vivement ce qu'il devoit à Dieu que dans ces momens : c'étoit dans ce point de gloire & de grandeur que la Religion & l'humilité retenoient son cœur dans la soumission & la dépendance où la créature doit être à l'égard du Créateur.

C'est à la verité là, répliqua Marcel, ce qu'on peut dire le coup de pinceau d'un habile Maître; mais quelque disposition que j'aye à être de votre opinion en tout, je ne sçai si parmi la multitude de semblables traits qui relevent la beauté de cet ouvrage, je me serois arrêté par préference précisément à celui-là. Quoi qu'il en soit, quelque force & quelque élevation qu'on remarque en tous ces beaux traits, l'Historien n'a pas à craindre d'être contredite en aucun.

Comme je n'ambitionne rien tant que d'avoir part à votre estime, dit Hamilton, & que je pense que c'est une espece d'éloge de quadrer en bonne compagnie, & de se montrer sensible aux choses belles & remarquables, il faut qu'au hazard des attaques, je vous cite aussi quelques traits d'entre ceux qui m'ont le plus touché dans cet ouvrage : je n'ai pû que m'arrêter d'une maniere toute particuliere à ce qu'il y a de frapant dans les deux ou trois que voici.

Si les singularitez sont des especes de défauts dans la societé, M. de Turenne en avoit deux qu'on reproche à bien peu de gens : un desinteressement trop grand, lorsqu'on voyoit regner un esprit d'interêt universel ; & une probité trop pure parmi une corruption si generale : sa moderation seule a pû fournir à ses bienfaits, & lui donner moyen d'être liberal sans commettre d'injustice ni de bassesse. L'Histoire qui ne laisse rien perdre des Personnages illustres a peut dire de lui les mêmes choses que Plutarque rapporte de Scipion. Ce vainqueur de tant de Nations, qui avoit enrichi Rome des dépouilles de l'Afrique, n'augmenta ni ne diminua son patrimoine, & ne laissa chez lui en mourant que trente-trois marcs d'argent & deux marcs d'or : le Grand-homme dont nous parlons, n'a laissé précisément que la même somme en argent comptant.

Peut-on avoir un témoignage plus certain de son desintereſſement, qualité si rare de nos jours, & qui n'est point comme au tems de Scipion, la vertu du siecle ! Le nôtre ne laisse pas de l'admirer ; on lui donne beaucoup d'éloges, mais elle a peu d'imitateurs ; d'autant plus inimitable qu'elle venoit en lui d'une noblesse de cœur, & non pas d'un fond d'orgueil ou d'une fausse magnanimité.

Tout étoit sincere dans ses mœurs, dans ses sentimens : l'aversion pour les flatteries, le mépris même des veritables loüanges, plus difficile aux Grands-hommes que celui des biens, furent encore son principal caractere. Il mérita tous les honneurs sans les rechercher, toujours humble dans les plus grands évenemens, & comme importuné du bruit de son nom, ce nom fameux, la terreur de l'Empire & de l'Espagne, l'amour des soldats, & l'admiration de toute l'Europe.

Il rabaissoit lui-même la grandeur de ses exploits : ennemi de l'éclat en toutes choses, semblable en apparence aux personnes du moindre rang, il ne se distinguoit des autres Courtisans que par une extrême modestie. Cette vertu qui lui étoit si naturelle, ne le quittoit pas même à la tête des Armées ; il n'étoit fier qu'aux Ennemis ; mais il montroit une intrepidité sans faste au milieu du péri ; & quand l'occasion le demandoit, jamais General n'a plus exposé sa personne, jamais Capitaine ne s'est montré plus soldat. Pour sçavoir le nombre de ses victoires, il ne faut que compter toutes ses campagnes.

Où peut-on trouver tant & de si puissans exemples que dans les actions de cet homme sage, modeste, liberal, desinteressé, dévoüé au service du Prince & de la patrie! Grand dans l'adversité par son courage, dans la prosperité par sa modestie, dans les difficultez par sa patience, dans les perils par sa valeur, dans la Religion par sa pieté.

Pour le coup, réprit Marcel, je pense que vous n'avez pas à craindre d'attaques; & pour que notre ami n'ait là-dessus aucune tentation, il faut qu'il nous cite à son tour ce qui a le plus fixé son attention parmi tous ces merveilleux traits.

Je puis vous dire avec verité, répondit Gordon, que je les ai trouvez si admirables tous, que je serois fort embarassé s'il me falloit absolument décider juste dans la preférence; il est vrai cependant, que je me suis arrêté plus particulierement à ceux que je vais vous citer, qu'aux autres.

L'on voit dans la vie de ce Heros ce que peut pour la défense d'un Royaume un General d'Armée qui s'est rendu digne de commander en obéissant, & qui joint à la valeur & au genie l'application & l'experience. Soit qu'il fallût preparer les affaires, ou les décider, chercher la victoire avec ardeur, ou l'attendre avec patience; soit qu'il fallût prevenir les desseins des Ennemis par la hardiesse, ou dissiper les craintes & les jalousies des Alliés par la prudence; soit qu'il fallût se moderer dans les prosperités, ou se soutenir dans les malheurs de la guerre, son ame fut toujours égale. Il ne fit que changer de vertus, quand la fortune changeoit de face: heureux sans orgueil, malheureux avec dignité, & presque aussi admirable lorſqu'avec jugement & avec fierté il ſauvoit le reſte des troupes miſes en déroute par la faute des autres, que lorſqu'il menoit battant les Imperiaux au milieu de l'Empire, & qu'avec des troupes triomphantes il forçoit toute l'Allemagne à demander la paix à la France.

Quels exemples de moderation, de douceur, de charité ! On l'a vû ſouvent gemir de ces maux neceſſaires que la guerre traîne après ſoi, que le tems force de diſſimuler, de ſouffrir & de faire. Il ſçavoit qu'il y a un droit plus haut & plus ſacré que celui que la fortune & l'orgueil impoſent aux foibles & aux malheureux : il eut voulu pouvoir attaquer ſans nuire, & reduire au droit & à la juſtice ceux à qui il étoit obligé par devoir de faire violence. On peut dire qu'il s'étoit fait une eſpece de vertu militaire qui lui étoit propre. Il n'avoit pour toute passion que l'affection pour la gloire du Roy, le desir de la paix & le zele du bien public : il n'avoit pour ennemis que l'orgueil, l'injustice & l'usurpation : il s'étoit accoutumé à combattre sans colere, à vaincre sans ambition, à triompher sans vanité, à ne suivre pour regle de ses actions que la vertu & la sagesse.

On lui a vû dans sa jeunesse toute la prudence d'un âge avancé, & dans un âge avancé toute la vigueur de la jeunesse : ses jours ont été pleins, selon les termes de l'Ecriture ; & comme il ne perdit pas ses jeunes années dans la molesse & dans la volupté, il n'a pas été contraint de passer les dernieres dans l'oisiveté & dans la foiblesse.

C'est donc mon tour, dit Marcel, de citer; mais de tant de beaux traits que j'ai remarqué avec admiration, je ne vous rapporterai que ces trois-ci.

Tant de qualitez heroïques éclaterent en la personne de M. de Turenne, & sa vie est un modele si parfait, que parmi le grand nombre d'actions vertueuses dont elle est remplie, chacun peut trouver des vertus à imiter. L'on vit en lui un amour dominant pour la verité, une horreur naturelle du mensonge, des mauvaises finesses & de la dissimulation, une humanité & une charité sans bornes, un goût constant pour tout ce qui étoit raisonnable, un grand empire sur ses passions, une douceur & une moderation qui paroissoient venir plus de reflexion que de temperamment.

Rien n'étoit plus naturel à ce Grand-homme que la vraye modestie du Grand-homme. Parloit-il d'une bataille, il n'oublioit rien, sinon que c'étoit lui qui l'avoit gagnée : racontoit - il quelques - unes de ses actions qui l'avoient rendu si celebre, on eût dit qu'il n'en avoit été que le spectateur, & l'on doutoit si c'étoit lui qui se trompoit, ou la renommée : revenoit-il de ses glorieuses campagnes qui rendront son nom immortel, il fuyoit les acclamations populaires, il rougissoit de ses victoires, & venoit recevoir les éloges du Roy & de la Cour, comme on vient faire des apologies. Après tant de glorieuses marques d'estime & de confiance de la part d'un Roy, grand en tout, quels projets d'établissement de fortune, n'auroit pas fait tout autre que lui ? Cet homme sage & desinteressé, content des témoignages de sa conscience, & riche de sa moderation, trouve dans le plaisir qu'il a de bien faire, la récompense d'avoir bien fait : quoiqu'il puisse tout obtenir, il ne demande & ne prétend rien.

C'eſt alors que dans le doux repos d'une condition privée, ce Prince ſe dépoüillant de toute la gloire qu'il avoit acquiſe pendant la guerre, & ſe renfermant dans une ſocieté peu nombreuſe de quelques amis choiſis, il s'exerçoit ſans bruit aux vertus civiles : ſincere dans ſes diſcours, ſimple dans ſes actions, fidele dans ſes amitiez, exact dans ſes devoirs, reglé dans ſes deſirs, grand même dans les moindres choſes : il ſe cache, mais ſa reputation le découvre ; il marche ſans ſuite & ſans équipage, mais chacun dans ſon eſprit le met ſur un char de triomphe. On compte en le voyant, les Ennemis qu'il a vaincus, non pas les ſerviteurs qui le ſuivent : tout ſeul qu'il eſt, on ſe figure autour de lui ſes vertus & ſes victoires qui l'accompagnent. Qu'il y a bien du grand dans cette noble ſimplicité !

Enfin, éclairé de plus en plus par la Foi & la pratique de toutes les vertus Chrétiennes, il ouvre les yeux sur le monde invisible & sur la haute destinée de l'homme dans les siecles à venir; peu à peu tous les objets se transforment & se presentent à lui sous un autre point de vûë : les guerres, les conquêtes, les affaires les plus importantes qui agitent les foibles humains, lui paroissent des occupations au-dessous de la grandeur d'un Etre immortel fait pour l'infini. Il veut alors se retirer tout-à-fait du monde, pour se dévoüer uniquement à la contemplation des veritez éternelles ; mais un ordre respectable l'arrête dans ses projets.

L'on raporte de lui, réprit Lescure, que l'esprit plein de ce projet de retraite, il travailloit sourdement à découvrir de ces ames d'élite, singulierement favorisées d'en-haut, dans la vûë de se fortifier par l'exemple frapant d'une pieté solide & lumineuse. Il comprenoit tout le prix d'une pareille découverte, & quelles en sont les consequences. Mille fois heureux celui qui favorisé du Ciel d'un pareil attrait, en obtient en même tems la grace de rencontrer parmi les profondes tenebres de ce siecle pervers, avec qui pouvoir mener dans la solitude une vie de raison, de refléxion & de religion ! Un tel homme n'a plus rien à desirer dans ce monde. L'on n'y tient plus à rien ; l'on n'y craint plus rien, quand une fois on à bien fixé toutes ses pensées aux années éternelles. C'est dans une pareille situation que la mort n'a plus rien d'effrayant, & qu'on passe d'un doux calme à la felicité éternelle.

Au reste, continua-t-il, pour que vous n'alliez pas vous imaginer que le trait que je vous ai cité de l'Histoire de M. de Turenne, soit le seul qui m'ait paru digne d'admiration, je veux me mettre de pair avec vous, en vous citant encore deux ou trois autres qu'il m'a semblé ne pouvoir assez admirer. Ce m'est assûrément un vrai plaisir de vous avoir mis en train de ces citations; il me tarde de rejoindre Rouvrais, pour qu'il décide entre nous de celles qui doivent l'emporter sur les autres. Je m'imagine qu'il se trouvera d'abord assez embarassé, sur tout à la vûë des traits de Marcel, de celui que j'ai cité d'abord, & des quatre suivans.

Dans la plus grande chaleur d'une action, ce Heros sçavoit juger à l'instant de l'évenement du combat; & comme il voyoit tout de sang froid & d'un clin d'œil, il profitoit de tous les mouvemens & des moindres fautes que l'on faisoit devant lui. Ses resolutions néanmoins ne partoient point

point d'une impetuosité temeraire ni d'une sagesse trop lente ; sa profonde intelligence paroissoit encore plus dans ses actions que dans ses discours. Ses ordres étoient clairs, toujours executés avec courage, & plûtôt par affection que par crainte, parce qu'il étoit exact sans être rigoureux. Il sçavoit que l'amour des troupes envers leur Chef nourrit l'obéissance, & que la discipline conserve en elles la confiance & la valeur ; aussi les soldats étoient tellement assurés de vaincre sous lui, qu'ils ne consideroient ni le nombre des Ennemis, ni la force des lieux, ni les dangers où ils s'exposoient, persuadés que leur Chef pourvoyoit à tout comme un pere de famille ; qu'il ne se donnoit aucun repos sans assurer le leur ; & que s'il se reservoit quelque avantage sur eux, c'étoit de prendre la principale part aux peines & aux perils.

C'est par de tels charmes qu'il sçavoit faire des troupes tout ce qu'il vouloit. Par cette sage économie, avec une poignée de gens, on l'a vû arrêter & détruire plusieurs Puissances conjurées, subsister long-tems en des Pays ruinés, entretenir ses forces & les rétablir. Il ne hazardoit rien aveuglément dans la bonne fortune, mais il ne desesperoit de rien dans la mauvaise : en se roidissant contre les difficultez, il trouvoit des ressources à tout, & dans des conjonctures mêmes où l'on croioit sa défaite assurée.

Quelque ardeur qu'il eût pour sa gloire, il en regla tous les mouvemens par un attachement indispensable à son devoir, & par les maximes d'une solide pieté. Au lieu de souhaiter la guerre pour accroître sa consideration, il ne souhaitoit rien tant que le repos public & la felicité des peuples.

L'esprit infiniment élevé au-dessus des sentimens ordinaires, il songeoit moins à rendre son nom éclatant, qu'à servir solidement un Prince digne d'être servi par de tels Heros, & autant élevé au dessus de tous les Rois de l'univers, que le Grand-homme dont nous parlons étoit élevé au-dessus de leurs Capitaines.

A la tête des armées il se regarde comme un simple soldat de Jesus-Christ; il sanctifie les guerres & les entreprises par la pureté de ses intentions, par le desir d'une heureuse paix, par les loix d'une discipline Chrétienne. Il considere ses soldats comme ses freres, & se croit obligé d'exercer la charité dans une profession où l'on perd souvent l'humanité même. Animé par de si grands motifs, il se surpasse lui-même, & fait voir que le courage devient plus ferme, quand il est soutenu par des principes de religion, qu'il y a une pieuse magnanimité qui attire les bons succès, malgré les perils & les obstacles, & qu'un Guerrier est invincible quand il combat avec foi, & quand il prête des mains pures au Dieu des batailles qui les conduit.

Les grandes vertus de M. de Turenne étoient produites par des principes encore plus grands. L'on admirera dans tous les tems l'innocence de ses moeurs, la pureté de ses intentions, son humilité éloignée de toute sorte d'affectation, la solide gloire dont il étoit plein, sans faste & sans ostentation, aimant la vertu par elle-même, sans se soucier de l'approbation des hommes, se conduisant en tout par une charité genereuse & Chrétienne. La gloire d'un tel homme ne se flétrit point par le tems.

Il est utile pour l'agrément des conversations, dit Marcel, que les hommes ne pensent pas tous de la même façon ; pour moi, je me fais d'avance une agréable idée de la maniere que la nôtre sera animée en la presence de notre Juge Rouvrais.

Je suis veritablement fâché, interrompit Mastin, de n'avoir pas encore lû cette Histoire ; j'aurois été charmé de pouvoir entrer en lice avec vous dans les citations. Au reste, je pense que c'est une chose bien humiliante pour le genre humain, qu'il faille des siecles entiers pour produire un homme du caractere de celui dont vous parlez. Vous vous souviendrez, ajoûta-t-il en s'adressant à Marcel, que nous ne sortions jamais d'auprès de M. de Catinat, sans conclure entre nous qu'il falloit qu'il eût pris M. de Turenne pour modele en tout.

Il est vrai, répondit Marcel, qu il en étoit un parfait imitateur. Nous avons encore aujourd'hui des Generaux qui tiennent de ces deux Grands-hommes : les éminentes qualitez de celui dont nous parlions ces jours passez, lui ont attiré l'estime du public & l'amour des troupes. L'on ne peut avoir assez en veneration un homme en qui les vertus guerrieres se trouvent être accompagnées de la bonté, de l'humanité, & de cette noble & genereuse politesse qui gagne si rapidement les cœurs. Heureux appanage de la grandeur de pouvoir faire des heureux ! S'il n'est pas possible de faire du bien à tous, l'on a toujours le pouvoir de témoigner de la bonne volonté ; ce qui fait presque le même effet sur l'esprit de bien des gens. Nous en voyons l'exemple dans celui dont nous parlons, & qui par là joüit du plaisir le plus flatteur qu'on puisse se proposer ici-bas, qui est de sentir qu'on regne, pour ainsi dire, dans tous les cœurs.

Il n'est pas bien difficile, dit Lescure, de deviner de qui vous parlez là, vous le nommez par ce seul trait : il est vrai qu'il a toujours eu la voix publique pour lui, & rien assûrément n'est mieux fondé. Son caractere honnête & bienfaisant a fait une telle impression sur le Militaire en general, qu'il n'y a ni Officier ni Soldat, qui dans le besoin ne fût prêt à se sacrifier pour lui. Je me rappelle souvent avec quelle admiration nous parlions dans les armées de son intrepidité & de son sang froid dans les occasions les plus perilleuses.

Ce sang froid dont vous parlez, réprit Marcel, est un grand relief à la vraye valeur, & fait infiniment dans l'éloge d'un grand Capitaine. Au reste, l'on n'a pas, communément parlant, une notion assez juste de la vraye valeur. C'est, par exemple, en avoir une idée bien fausse, que de se figurer, comme font beaucoup de jeunes gens, qu'elle consiste à se jetter indifferemment & sans necessité dans le peril. D'ordinaire un jeune homme dans sa premiere campagne croit se signaler par là. Combien n'avons-nous pas vû de notre brillante jeunesse aller se faire tuer sur les parapets des tranchées, pour faire voir qu'ils ne craignoient point les coups !

C'est sans doute faute d'avoir une juste idée de la veritable bravoure, répliqua Mastin, qu'on se distingue par ces sortes d'étourderies, qui au lieu des éloges qu'on croit meriter, n'attirent que les railleries. Il est vrai que ceux qui ne sçavent pas distinguer les choses, loüent également celui qu'ils voyent affronter le danger par des motifs ridicules, comme celui qui

n'agit

n'agit que par les nobles principes d'une grande ame.

Il me semble qu'on ne peut trop inculquer aux jeunes gens, que bien loin que la vraye valeur consiste dans cette férocité ou cette étourderie qui précipitent follement dans les grands dangers, on ne la voit agir que sur les regles de la prudence & du devoir, & que les vertus guerrieres ne sont point précisément fondées sur le mépris qu'on fait de la vie, mais bien sur une force d'ame & une intrepidité heroïque, qu'aucun péril ne peut arrêter, dès qu'il s'agit du devoir & des ordres des supérieurs.

Il est clair, dit Hamilton, qu'il y va du bien du service, qu'on n'agisse que sur ces principes; & qu'on sçache en même tems, que quoique cette force d'esprit n'exclut pas absolument la crainte, elle sçait se l'assujettir au point qu'elle veut: de-là cette fermeté & cette présence d'esprit, qui font que dans la confusion & les horreurs du combat, l'on conserve toujours le sang froid & la liberté des sens pour conduire utilement tous ses mouvemens d'intrepidité pour le bien du service du Roi.

Ce que vous venez de dire là l'un & l'autre, reprit Marcel, fait une des parties essentielles du veritable heroïsme. Combien d'excellens sujets avons-nous vû perir pour s'être livrez sur de faux principes à une folle & inutile témérité? J'en ai connu plusieurs qui en se conduisant par les regles ordinaires du devoir & de l'obéissance, auroient été un jour très-utiles à l'Etat.

Quant à ce sublime heroïsme dont nous parlions dernierement, je ne vois point d'histoires où l'on en puisse trouver de plus parfaits modeles que dans la sainte Bible. C'est là où l'on voit une foule de vrais Heros, non-seulement par l'éclat de leur valeur & celui de leurs actions, mais encore par les grands motifs qui les faisoient agir. Que peut-il y avoir, par exemple, qui mérite tant notre admiration que ce que le Texte sacré nous apprend de Mathatias & des Machabées ses fils ? Ces Grands-hommes qui releverent la Judée oppressée & abattuë, n'étoient pas moins admirables par leur moderation & leur grandeur d'ame, que par les prodiges de leurs hauts faits.

C'étoit là sans doute, dit Lescure, de vrais Heros & de Grands-hommes dans tous les sens. La plûpart de ces fameux Conquerans que nous vante l'Histoire Prophane, ne l'étoient souvent qu'en apparence, & même de loin : ces hommes qui pleins d'une orgueilleuse fougue portoient sur leurs pas la désolation & le deüil, perdoient d'ordinaire beaucoup à être vûs de près : comme on ceſſoit alors d'être éblouïi du vain phantôme de leur réputation, on ne trouvoit plus dans ces intrépides Guerriers rien du veritable Heros ni du Grand-homme.

Je penſe, répartit Maſtin, que Polybe décide juſte, quand il dit que la vertu guerriere laiſſe ſouvent des Heros fort renommez, très-médiocres dans un examen ſuivi. Nous nous laiſſons aiſément éblouïir par les actions brillantes, tandis que de loin leur éclat nous dérobe ce qu'elles peuvent avoir d'ailleurs d'odieux ; mais le tems, l'examen & la réfléxion venant à nous repreſenter les choſes dans leur veritable point de vûë, les mouvemens d'indignation & de mépris ſuccedent bien-tôt à ceux de l'admiration. Le Heros du public n'eſt pas toujours celuï des perſonnes éclairées : l'on a ſouvent vû de ces hommes ſi celebres & vainqueurs de tant de nations, être eux-mêmes les esclaves des plus honteuses passions.

Il ne s'ensuit pas toutefois, reprit Lescure, qu'on doive s'imaginer que ces passions honteuses ayent toujours dominé en eux. L'orgueil & les grandes prosperitez sont les plus terribles écüeils de la vertu; & c'est souvent là ce qui causoit ce mélange inconcevable de bon & de mauvais dans ceux même qui sembloient avoir le plus heureux naturel. Je me rapelle ici le dire d'une pieuse Reine sur ces étonnans intervales de vertus & de vices.

Ce n'est pas sans sujet, disoit-elle, que les Poëtes ont feint des demeures délicieuses où leurs Heros restoient un tems enchantez, c'est-à-dire, privez de la connoissance de leurs devoirs, & soumis aux illusions des sens, puisque les passions ordinaires, par leurs effets, nous font voir de nos jours des hommes, d'ailleurs assez sages, avoir des intervales d'emportemens qui leur font perdre l'usage de la raison, & les empêchent de pratiquer la vertu qu'ils ont naturellement dans le cœur, & dont ils ont donné dans d'autres tems d'évidentes preuves.

Tout homme a ses passions, dit Marcel, & il n'y a en cela que le plus ou le moins : ce n'est que par l'effort de la raison ou de la vertu qu'on fait ensorte que dans sa conduite tout paroît dans l'ordre. Vaincre des passions grossieres est de la portée du commun des hommes; les seules réfléxions de l'amour propre suffisent quelquefois pour assurer une telle victoire; mais vaincre une passion extrêmement flatteuse, une passion tendre & délicate, formée dans un cœur vertueux pour un objet infiniment aimable, c'est-là, sur-tout par raport à certaines circonstances, une chose qu'on peut dire tenir de l'héroïsme.

Tel est, par exemple, le trait qu'on rapporte du jeune Scipion, qui, au milieu de ses triomphes, s'étant laissé surprendre par les charmes d'une jeune & belle Princesse, qui se trouva parmi ses captifs, prit sur le champ la genereuse résolution de surmonter tous ces mouvemens tumultueux d'une passion naissante : résolution vrayement héroïque, & qui sans doute lui devoit avoir coûté beaucoup. Il sentoit qu'une pareille victoire pouvoit devenir douteuse, pour peu qu'il se fût arrêté à déliberer entre les interêts de son cœur & ceux de sa gloire : dans tous les cas d'un apparent naufrage, la résolution ne sçauroit être trop prompte, ni l'execution trop rapide.

Ce jeune Heros paroît enfin devant la belle captive, non plus en vainqueur, mais en homme vaincu par la force de ses attraits, & à qui il ne restoit de ressource que dans sa fermeté : son premier soin fût d'adoucir ses malheurs par les attentions les plus respectueuses & les plus empressées. Ayant été informé de son engagement avec un jeune Prince destiné à être son époux, & qui dans le désastre general se trouva compris dans le nombre des esclaves, Scipion ordonne qu'on le lui amene, le rend à sa maîtresse, & les renvoye l'un & l'autre comblez de ses bienfaits.

Allez, leur dit-il en les congédiant, allez, amans fortunez, joüir tranquillement de votre bonheur, tandis qu'il ne reste à Scipion que la seule consolation d'avoir sçû se vaincre pour ménager sa gloire, & pour ne pas troubler votre félicité.

Voilà, dit Gordon, un trait qui caracterise bien le Grand-homme ; & pour que rien ne manquât à l'heroïsme de M. de Turenne, il falloit qu'il s'en trouvât précisément un tout semblable dans sa belle vie : aussi son habile Historien n'a-t-il eu garde d'oublier une telle particularité, qui dans tous les sens fait honneur à l'homme. Pareils traits meritent d'être gravez dans les monumens les plus durables.

Quant à votre Heros antique, il est vrai qu'on ne sçavoit qu'admirer plus en lui, ou des vertus morales, ou des vertus militaires : il paroît qu'il les possedoit toutes au suprême degré. Je vous avoüe que je m'arrête volontiers à considerer de quelle maniere il sçavoit imposer silence aux flatteurs, & comment il pensoit sur leur compte : il falloit que ses plus intimes amis usassent de grands menagemens en parlant de ses brillantes vertus & de ses hauts faits. Une semblable modestie est toujours le caractere distinctif d'un merite éminent; il est du Grand-homme de mépriser les flatteries.

J'aime encore à me representer ce jeune Heros, quand au milieu du carnage, tout couvert de sang & de poussiere, & toujours accompagné de son sang froid, il s'arrête pour dégager un de ses Officiers, qui, après des prodiges de valeur, succomboit enfin sous les coups de l'ennemi.

Il y a, reprit Marcel, encore une chose qui releve, ce me semble, plus que toutes autres la gloire de Scipion ; c'est la vûë du grand Capitaine à qui il avoit affaire, le rusé Annibal, encore plus celebre par sa vaste capacité dans l'art militaire, que par ses grands exploits. Quoi qu'il en soit, si vaincre les autres est d'un grand Capitaine, se vaincre soi-même est d'un Grand-homme : la conduite de Scipion fait assez voir qu'il étoit l'un & l'autre.

De tous les beaux traits qu'on raporte de lui, ajouta Hamilton, il n'y en a point qui m'ayent tant frappé que sa présence d'esprit & sa fermeté dans une conjoncture délicate & épineuse, où la malice de ses envieux ayant enfin prévalu sur tout ce que lui devoit la République, il fut cité devant le Senat & l'Assemblée du peuple pour y rendre compte de sa conduite. Ce même peuple qui avoit si souvent assisté à ses triomphes avec les acclamations les plus éclatantes, ne le regardoit alors que comme un criminel qui méritoit la punition à laquelle il alloit être condamné.

Ni l'étonnement que devoit lui causer les injustes accusations de ses ennemis, ni tout ce que sembloit devoir présager dans cette conjoncture la disposition des esprits, ne purent alterer en rien son grand courage : au lieu d'entrer dans les justifications, ou de flatter ses Juges, il leur parla avec une noble fierté qui eut un effet aussi prompt que surprenant.

Il vous sied bien, leur dit-il, de vouloir juger de la tête de celui par qui vous avez aujourd'hui l'autorité de juger du monde entier; & puis se tournant d'un air majestueux vers le peuple : C'est, continua-t-il d'une voix élevée, à pareil jour qu'aujourd'hui, qu'ayant fait mon entrée triomphante dans Rome, nous allâmes tous ensemble rendre graces aux Dieux de cette celebre victoire qui a décidé du sort de la République en la mettant en état de faire la loi au reste de la terre. Allons, chers Compagnons de mes travaux & de ma gloire, allons remercier encore ces mêmes Dieux d'un bienfait si signalé.

Ce peu de mots prononcez en Heros, fit sur les cœurs une impression si rapide & si prodigieuse, qu'on n'entendit plus de tous côtez que de vives acclamations & des cris de joye : ce peuple nombreux, jusques-là assemblé pour le condamner, le reconduisit chez lui avec les mêmes céremonies usitées aux entrées triomphantes.

Voilà à la verité, dit Mastin, un trait qui, dans tous les sens, fait honneur à la memoire de ce Grand-homme. L'on se sent naturellement porté à admirer cette présence d'esprit, ce sang froid & cette noble assurance dans des momens si critiques.

Je me trouvai il y a quelque tems, poursuivit-il, à une partie de campagne, où l'on agitoit quelquefois à la promenade de ces sortes de questions, propres à ranimer la conversation. Comme la compagnie étoit composée de personnes capables de parler de tout avec sentimens & avec esprit, je trouvai que le bon goût, la justesse de sens & la varieté des matieres rendoient leurs entretiens infiniment interessans.

L'on y cita cet admirable trait de Scipion, qu'on mit en paralelle avec deux autres traits qui me paroissent avoir leur singularité, l'un de Cesar, l'autre d'Alexandre : il y eut là-dessus de longues & d'ingenieuses contestations. Comme on n'étoit point d'accord sur celui des trois qui, dans le beau, devoit l'emporter sur les deux autres, la diversité des opinions conduisit insensiblement dans des dessertations pleines d'esprit & d'agrémens. Voici de quoi il s'agissoit.

Darius encore dans toute sa splendeur, & à la tête d'une armée dix ou douze fois plus nombreuse que celle d'Alexandre, se détermine néanmoins à lui demander la paix, en lui offrant dix mille talens & la moitié de son Empire. Une proposition pareille ne causa pas un mediocre étonnement. Parmenion met tout en usage pour porter son Maître à accepter une offre si peu attenduë ; il lui en fait envisager les glorieuses suites, & lui fait sentir en même tems toutes les consequences d'un refus ; il lui represente l'inegalité des forces & l'inconstance de la fortune. Continuant toujours à insister là-dessus : Si j'étois Alexandre, ajoûta-t'il, je ne balancerois pas à conclure promptement un traité si prodigieusement avantageux.

Ni moi, interrompit Alexandre, si j'étois Parmenion.

L'on sent d'abord tout le beau de cette réponse, dit Gordon ; mais voyons, je vous prie, celle de Cesar.

Cesar, réprit Mastin, pressé de se rendre en Espagne, où il y avoit un grand soulevement, & ne voulant pas attendre sa flotte, se hazarda pendant une violente tempête dans un mauvais petit bâtiment qui se trouva à portée du lieu où il étoit alors. On lui representa en vain l'évidence du danger. Le Pilote lui declara la perte infaillible de ce mauvais vaisseau, & qu'il n'y avoit pas même de tems à perdre pour pouvoir regagner le rivage qu'il venoit de quitter.

Va, va, lui répondit Cesar, poursuis ta route, ne crains rien, tu portes Cesar & sa fortune.

Il faut convenir, dit Hamilton, que ces sortes de propos sont très-propres à exciter chacun à prendre part à la conversation ; ils conduisent tout naturellement dans des définitions curieuses, & souvent instructives.

Ajoûtez à cela, répondit Marcel, que pareilles discutions font quelquefois connoître le genie,

le

le caractere & les façons de penser de ceux qui parlent ; c'est même un des meilleurs moyens dont on puisse s'aviser pour bien connoître son monde & demêler la portée de ceux qu'on a quelque interêt de vouloir approfondir. Il est assez ordinaire que dans la chaleur des disputes & la varieté des propos, l'on se montre tel qu'on est naturellement. On ne pense gueres à se composer dans les conversations libres & enjouées. Cet air de liberté & cette douce familiarité entre amis, causent une satisfaction reciproque, qui fait qu'on se livre tout bonnement avec une entiere franchise. Comme on s'y trouve à son aise, on y est tout autre qu'on l'est ordinairement en la compagnie des Grands : ici la circonspection & la contrainte émoussent la vivacité de l'esprit, & engourdissent l'humeur. Mais revenons à notre sujet.

Je ne comprens pas comme il peut y avoir eu partage d'opinions ſur les trois traits dont on vient de parler ; Il me ſemble que de quelque côté qu'on enviſage celui de Scipion, il doit paroître également grand & ſenſé. A ne conſiderer les deux autres que dans un ſeul point de vûë, on peut à la verité y trouver du grand ; mais un examen ſuivi y découvre quelque choſe de bien fou & de bien extravagant, qui en éclipſe tout le beau.

L'on y découvre au moins, répliqua Maſtin, un certain air de fanfaronade peu propre à ſupporter la reflexion.

Vous ne voyez pas, interrompit Gordon, que notre ami Marcel cherche ici à établir une diſpute entre nous ; mais pour moi, j'aime mieux me ranger de ſon opinion, pour avoir le tems de vous demander ſi l'on cite quelque trait de fanfaronade de Charles XII. dont nous avons tant parlé.

Il y a de lui plusieurs traits à peu près dans ce goût-là, répondit Mastin, mais qui sentent moins la fanfaronade que la candeur, la noble simplicité, la veritable grandeur d'ame. Il est vrai qu'on a voulu trouver quelque chose de fanfaron dans les lettres qu'il écrivit à ses Generaux, lorsqu'après sa premiere expedition en Danemark, il se disposoit à secourir Narva assiegé par les Moscovites.

Il me semble, répliqua Marcel, qu'on n'est pas trop bien fondé en cela. Je me rappelle ce dont il est question. Le jeune Monarque en donnant des ordres à ses Generaux pour les préparatifs necessaires à ses entreprises, leur marque en même tems ce qu'il se propose de faire, & ce qu'il fit en effet. Il y a plûtôt du grand que du fanfaron dans ce qu'il leur écrivit là-dessus. Voici à peu près ce qu'il dit dans cette rencontre.

Je m'en vais battre les Moscovites; préparez promptement un grand magazin à Laïs. Quand j'aurai chassé les Russiens, & fait lever le siege de Narva, je passerai par cette Ville pour aller battre les Saxons, & chasser leur Electeur de la Pologne.

L'évenement, continua Marcel, justifia bien-tôt cette prédiction, & il n'y a tout au plus en cela qu'un air de trop de confiance, ou, si vousvoulez, de présomption; mais cette confiance & cette présomption n'ont rien qui puisse choquer dès qu'on les regarde comme n'étant fondées que sur l'idée qu'il avoit des Moscovites, & sur la bonne opinion qu'il avoit raison d'avoir de ses Generaux & de ses troupes. Et en effet, quels Generaux & quelles troupes! L'on en peut juger par les prodiges de valeur & d'intrepidité qu'on vit en eux dans tout le cours de cette guerre.

Il y a long-tems, dit Gordon, que je desire de sçavoir au juste les vrais motifs de toutes ces entreprises de part & d'autre ; je voudrois aussi être instruit en gros des principaux évenemens dont elles furent suivies. J'étois une fois sur le point de lire l'Histoire du Roi de Suede écrite par Limier, mais l'on m'en parla de maniere à m'en dégoûter.

Lire cette Histoire, répondit Mastin, ou lire les Gazettes & les Journaux de ces tems-là, est une même chose : c'est un cahos de verbiages qui vous assomment. Mais vous avez aujourd'hui un Abregé de l'Histoire de ce Prince, * où vous trouverez une partie de ce que vous désirez de sçavoir. Au reste, je sçai que Marcel peut vous satisfaire sur ce point.

Je ne lui aurai pas moins d'obli-

* L'Histoire de Voltaire.

gation que Gordon de sa complaisance en cela, dit Lescure. J'ai lû tout ce long fatras de Limier, mais il ne m'en reste qu'une idée assez confuse : d'ailleurs c'est-là de ces choses qu'on écoute toujours volontiers.

Je ne refuse point, répliqua Marcel, de vous raconter sommairement ce que je tiens là-dessus de plusieurs Officiers Suedois qui se sont trouvez dans toutes ces étonnantes expeditions ; mais il faut remettre cela à notre prochain rendez-vous, car voici l'heure de la séparation qui s'approche.

S'étant levez là-dessus, ils allerent dans la grande allée où ils rencontrerent des Messieurs de leur connoissance, avec lesquels ayant fait encore quelques tours d'allées, ils se separerent en se promettant de se rejoindre au premier beau jour.

Fin de la seconde Partie.

TABLE

De la seconde Partie.

QUATRIE'ME ENTRETIEN.

Quelle

CINQUIE'ME ENTRETIEN.

Sixie'me Entretien.

Septiéme Entretien.

Fin de la Table de la seconde Partie.

On ne s'est point proposé de faire ici une Table dans toutes les formes, l'on ne fait simplement qu'indiquer les pages des principaux articles.

De l'Imp. de la Veuve D'ANDRE' KNAPEN.

www.ingramcontent.com/pod-product-compliance
Ingram Content Group UK Ltd.
Pitfield, Milton Keynes, MK11 3LW, UK
UKHW031833260826
14628UKWH00001B/353

9 782013 615341